养育男孩

RAISING BOYS

高山 著

中国长安出版传媒有限公司

图书在版编目（CIP）数据

养育男孩 / 高山著. — 北京：中国长安出版传媒
有限公司，2020.12
ISBN 978-7-5107-1055-1

Ⅰ.①养… Ⅱ.①高… Ⅲ.①男性－家庭教育 Ⅳ.①G78

中国版本图书馆CIP数据核字（2021）第008557号

责任编辑：刘 爽

养育男孩

高山 著

出版：中国长安出版传媒有限公司

社址：北京市东城区北池子大街14号（100006）

网址：http://www.ccapress.com

邮箱：capress@163.com

发行：中国长安出版传媒有限公司 全国新华书店经销

电话：（010）66529988-1319

印刷：德富泰（唐山）印务有限公司

开本：880mm×1230mm 32开

印张：6

字数：180千字

版本：2021年1月第1版 2021年1月第1次印刷

书号：ISBN 978-7-5107-1055-1

定价：35.00元

　　望子成龙是每位家长的心愿。身为男孩的父母，无不希望自己的儿子是最棒的：机智勇敢、乐观自信、品质卓越、自立自强、有才学、有责任感、有爱心、有风度……并希望他在不久的将来成长为一个顶天立地的男子汉，担当起社会、家庭的重任。但是，最棒的男孩不是天生的，而是通过后天教育造就的，这与父母的教育和引导不无关系。正如古人所说："玉不琢，不成器。"男孩如同一块璞玉，只有在用心雕琢下才能放射出最耀眼的光芒。

　　父母的教育决定了男孩的未来，出色的男孩是优质教育的结果。家庭是男孩人生中的第一所大学，父母是第一任老师，父母的言传身教，对男孩的智力、性格、习惯、心态、能力、品德等的培育有着重大影响，甚至可以决定男孩的一生。男孩将来会成为什么样的人，建立怎样的事业，掌握多少财富，成就怎样的人生；都掌握在父母的手中。因此，无论你想给男孩一个什么样的明天，都要用心培育他。因为没有教不好的男孩，只有不会教孩子的父母。

　　与养育女孩相比，家有男孩带给父母的挑战似乎要大得多。他们远不像女孩那样乖巧——爬树、坐不住、好斗、偏执、马虎、调皮捣蛋、把家里弄得一团糟——男孩似乎总是会给父母制造各种各样的麻烦，令父母们感到困惑和无奈。古希腊伟大的哲学家柏拉图早在2300多年前就这样写道："在所有的动物之中，男孩是最难控制对付的。"而事实上，这些不安定的个性，恰恰是男孩探索欲、创造欲、领导欲的体现，父母们需要了解这一点，并需要知道如何针对男孩的特性进行科学的引导，只要父母引导得当，善加发掘男孩的个性与潜能，每个男孩都会成为一个杰出的人才、一个了不起的男子汉！

　　然而，现实生活中，有些父母望子成龙心切，一味地关注其智力和学业，盲目地给男孩安排各种培训班或特长班，完全忽略了男孩自身的特性和潜能，忽略了男孩心理、能力、品德等其他方面的培养。其实，最棒的男孩不只是成绩优异，他们更应该爱学习、会学习、有着很强的学习能力，他们应该凭借着幽默的谈吐和绅士般的举止而为人们所喜爱，他们应在某个领域中表现出果断的办事能力和独当一面的气魄，还应具备超群的才学、独特的眼光和成熟的心智……而这些并不是单靠学习课本知识和特长培训就能够造就的。

教育男孩是一门艺术。培养最棒的男孩，父母不但要教，更需要掌握科学的育儿观念和方法，具备一定的育儿智慧。如果教育方式合理、科学，每个男孩都将是最棒的。教不得法，不但达不到培养目标，还可能阻碍男孩的发展，使他终其一生碌碌无为。因而，要想培养出最棒的男孩，必须先学会做父母，首先，提高自身的素质，以自己言传身教的榜样力量去影响男孩、造就男孩。其次，掌握科学的教育理念和有效的技巧，了解男孩与女孩的区别，遵循男孩的独特个性和发展规律，科学地加以引导。再次，男孩在人生的各个阶段，会遇到各种各样的问题、困难和挫折，父母们应随时更新自己的教育观念，鼓励、帮助男孩自己去解决这些问题，慢慢地放手让男孩独立面对人生。

《养育男孩》结合男孩的心理特征和成长规律，从不同角度出发，为父母们提供了一套成功教子方案，使父母们掌握教育的正确方向和科学方法，真正教到点子上，是每一位望子成龙的父母的必读书。本书分析了男孩与女孩的不同之处、男孩天性中的优缺点，以及父亲和母亲在养育男孩过程中的不同作用，全面介绍男孩的心理、性格、品质等各个方面的培养，如怎样穷养出有上进心的男孩、如何培养男孩的优秀品质、如何教会男孩与人沟通等，指导父母教出最棒的男孩。书中综合介绍了国际著名教育家如多湖辉等的教育理念，最有助于发展男孩天性的教育方法，以及透视男孩成长所应掌握的心理学，如攻击性心理、杜根定律等，有效解决了最令男孩父母头疼的难题，如怎样和孩子成为好朋友、怎样帮助男孩融入校园环境、怎样帮男孩化解负面情绪等。

掌握了这些方法和技巧，并用心、耐心、精心培育自己的儿子，他必将朝着你所期望的方向发展，成为最棒的男孩。

| 目 录

第七章

"雾里看花"的智慧——男孩父母应懂一点教育心理学

第一章

读懂男孩的成长
——全面了解你的男孩

重新认识男孩

男孩都是"小冒险王"

爬树、登高、从高处往下跳、溜冰、滑雪等，这些在家长看来很危险的行为，却是有些男孩最喜欢的运动。男孩子好像总是那么精力充沛、一刻都不想停下来。因此，有些家长经常不由自主地叹气：淘气的孩子真麻烦，他好像时时刻刻都在设法让你提心吊胆。然而，很少有家长从源头上分析：我的孩子到底怎么了？为什么他总是做这些危险的活动？为什么他的精力总也用不完？

一家三口正在不声不响地吃饭，儿子突然开口说话了："我找到一个鸟窝！"

母亲抬起头，瞪大了眼睛，父亲也聚精会神地听儿子说话。男孩很高兴，指手画脚地讲了起来。他说，今天放学回家的路上，看见一只金翅雀从一棵大白松树树冠里飞出来。他就在浓密的树枝里搜寻，终于发现在高处一根树杈上有一团乌黑的东西。

他把书包放在地上，开始往松树上爬。巨大的松树又粗又高，他那小小的身子紧紧贴在树皮上，慢慢往上挪动，每一次挪动都要分两步进行：先用胳膊抱住，接着两条腿尽量往上蜷，最后才停下来，四肢牢牢抓住坚硬的树干，用了很长时间才爬上去。

父亲和母亲惊呆了，谁也没有吱声。就这样，两个人战战兢兢、一声不响地听着。

男孩的天性就是喜动不喜静，他们有使不完的劲儿，其实，我们并不能完全责备这些精力充沛的孩子。冒险对他们来说是一种证明自我的机会。而爬树是诸多冒险行为中最受男孩尊崇的一种。

这在父母看来是一种可怕的危险，而对男孩们来说却是有价值的危险。首先，男孩可以通过观察树的整体，判断自己是否能爬上去。如果认为能爬，他就会想到下一步的方法，确定从何处往上爬，那个树枝能否支撑自己的体重，需要确认的项目很多。这样，当孩子们根据自己的印象判断能够爬到树顶时，便决定进行实际爬树。当然有时也会从树上掉下来受伤，但这是因为自己的判断不得法而产生的失败，这将成为下一次成功爬树的经验。

对这些男孩们来说，冒险可以为他们的生活带来一场全新的体验，或者可以这样说，在他们的眼中，冒险的体验就是生活中快乐的本源。对于未知的事物他们根本就不懂得恐惧，所以也喜欢做更多的尝试。可以想象，如果在孩子的生活中只是面对同样的学习生活，总是重复着同样的内容，那该有多么的单调乏味啊，那又会有什么收获呢？

父母要给男孩提供冒险的机会。让孩子去尝试新的东西，独辟蹊径，屡败屡战。很多发明家都是最富于冒险的人，因为他们敢于做许多次试验，直到成功才罢休。冒险不等于蛮干，人们要在冒险中不断地总结、思考、突破。否则，纵然有成功的欲望，但是却不敢冒险，又怎么会实现伟大的目标呢？

在不确定的环境中，人的冒险精神就是最有创造价值的财富。初生牛犊不怕虎，男孩们在做事的时候往往有更强的开拓性。父母们不妨试着培养男孩的冒险精神，勇于尝试和开拓的豪气会让男孩有更新鲜、更活泼的生活。

正确理解男孩的"顽皮捣蛋"

男孩们过于旺盛的精力让家长们望而生畏。应对这些调皮捣蛋的小鬼不是件容易事，你刚刚阻止了他做某件疯狂的事情，一转眼，他们能轻而易举地找到另一件类似的事。男孩体内的男性激素——睾丸素决定了男孩们天性中的"冒险情结"。

实际上，我们应该为男孩天性中的冒险因子欢呼，因为世界上没有一件可以完全确定或保证的事。成功者与失败者的区别并不在于能力或意见的好坏，而是在于是否相信判断、具有适当冒险与采取行动的勇气。没有尝试者、冒险者，就没有成功者。冒险是一切成功的前提。冒险越大，成功越大。

　　当然，让男孩面对爬树这种小危险并不代表要让男孩平白无故地去冒险，生活本身就存在着许多培养男孩自己去克服一定程度危险的机会。

　　在现代社会，由于生活方式的改变，很多家长都认为社会上的不安全因素很多，因此不愿意带幼儿到户外去活动，男孩长时间地被关在小小的套房里，缺少了锻炼的机会。有的家长甚至连男孩参加那些具有挑战性的游戏都不能接受，认为在这种活动中擦伤膝盖或扭伤脚踝根本没有必要。我们时常见到这样一种情况：关在套房里的一些体弱、内向的幼儿活动时常会碰伤；而平时比较好动、顽皮、身体健壮的幼儿却不太容易碰伤，家长们总觉得是侥幸。

　　其实这里面是有原因的，体弱的幼儿就是因为平时活动少，所以遇到危险时反应慢，灵活性差，动作不协调，容易受到伤害；而那些顽皮、健壮的男孩因为有了很好的锻炼所以动作灵活，遇到危险时反应快，能采取自救方法，因而受的伤害就小。在舒适的环境中，男孩体内的某些机能会逐步退化。因为他们的生活需要很容易得到满足，几乎不用克服什么困难。不用付出，也就没有发展。男孩成长过程中用于发展自己能力的机会就这样被剥夺了。

　　所以说，对男孩而言，爱得太多有时候也会造成伤害，如果总是依赖父母，又怎么能在风雨来临的时候勇敢面对呢？

　　只有勇于实践，不断地在失败中总结经验教训，才能为下一次的成功奠定坚实的基础。别人的经验，无论怎样，对男孩而言都是非常枯燥、毫无生命可言的。只有自己在生活中总结出的经验教训，才是最宝贵的，因为只有它们能够指导男孩们走向正确的人生坦途。

"破坏力"的反面是"创造力"

　　爱搞破坏的孩子看上去似乎有点不可救药，而实际上这是创造力萌发的一种体现。面对孩子的破坏活动，看似失去了可以估量的价值，但是换回来的是孩子一生都受用不尽的财富——思考力和创造力，而它们可以培养出浓厚的求知欲望。

　　行为出格、爱搞小"破坏"、爱顶嘴的男孩，常被视为另类，作为捣蛋鬼、坏孩子，他们常遭人白眼，没人理睬。而那些温顺、老实、听话、顺从的孩子，大多被认为是好孩子。

其实，男孩爱搞"破坏"属于天性使然，是其创造力萌芽的一种体现。他们对社会中各类陌生事物充满新鲜、好奇感，并且身体力行，欲用自己的双手来探索这未知世界。家长如果理解男孩的这种天性，加以引导、鼓励，使男孩的创造萌芽得到进一步深化，则有利于孩子的大脑发展及处理问题能力的提高，更重要的是能让孩子从小培养出一种浓厚的求知欲望，形成勇于创造的好习惯，为今后的事业道路奠定基础。

而那些被视为老实、文静、听话的乖孩子，家庭中虽少了"破坏"气氛，大人安心，但孩子的天性被抹杀了，长大后就会循规蹈矩，缺乏头脑，依赖性强，缺少创新精神，这实在不利于孩子的成长。

美国的家长尤其重视鼓励自己孩子的创造力，对于孩子一些"出格"的行为并不予以约束，反而支持孩子进行一些开阔思维的活动。

美国孩子特别喜欢在卧室的墙上为自己开辟一片领地：在墙上挂一个小画板；贴一些飞机、星球的图片；用艺术字写座右铭。这个天地完全由孩子进行布置设计，家长也鼓励孩子在这个天地里挂上他的想象画。

美国的孩子尤其喜欢表演，有时他们会根据一些文学作品的片段自编、自演哑剧、小品和滑稽剧等。大家可以假扮饭店、机场或是公园里的各种人物，比谁演得像。有的时候孩子们还会搞一些抽签演小品的创造性娱乐活动。

美国的爸爸妈妈经常为孩子讲故事，不过方式方法也暗合了培养创造力的玄机：他们常常讲一段故事，然后就让孩子为所讲的故事起名字，所起的名字越多、越切题、越新颖、越奇特、越有趣越好。家长们认为，这是训练孩子创造力的一种有效手段。

美国孩子在需要送别人礼物的时候，家长通常会鼓励孩子自己亲手制作，比如新年贺卡，祝贺节日和生日的小工艺品等。在日常的生活中，家长更是支持孩子做小实验、搞小制作、种花、植树、饲养小动物，甚至为孩子准备他自己专用的"家庭工具箱"。

美国的《教育文摘》曾就儿童创造力教育的问题，提出了8条对策：

1. 用儿童的读物和玩具创造一种环境，使儿童易于表达自己的思想，提出问题并可以自己找到答案。

2. 鼓励儿童自己去探索、去行动，从而树立起自己对自己负责的信心。

3. 对儿童提出的问题，即便是很荒唐的问题，也应该给予重视和鼓励。

4. 允许儿童对自己所做的事情表示后悔，鼓励他嘲笑自己所犯的错误，引导他从中吸取教训。

5. 给儿童布置一定的任务，并提出具体的要求。但完成任务的时间不能过长，应让儿童用大部分时间做自己喜欢的事情。

6. 给儿童定位高于同龄孩子所能达到的目标。

7. 面对同一个问题，可以提供多种答案，让孩子自由挑选。

8. 对于儿童的任何想象力都要给予鼓励。

要想培养孩子的创造力，家长们首先应该做的就是保护好孩子的好奇心。面对孩子天真幼稚的行为，不能用成人的标准来判定，应发自内心地赞美孩子的创造力："儿子真棒，我小时候可不如你。"随着孩子年岁的增长，在他探索这个世界上一切微小事物的时候，父母对他的鼓励应多于批评，这样孩子创造求新的脚步才会越来越快。

拿走男孩的芭比

安安是一个典型的"乖乖男孩"，每天在家里安安分分的，像个女孩子一般安静老实。虽然没有同龄的男孩子那样调皮，但是安安的家长还是看在眼里急在心上。"他也已经不算小了，都快上小学了，但还是像个女孩子一样，而且越发安静胆小，连同大人说话都是扭扭捏捏的。以后可怎么办呢？"

相信很多家长都有和安安家长同样的烦恼，他们多么希望自己的孩子能够长成一位"阳光男孩"，但是纵观现在周围的男孩，这种"阴盛阳衰"的现象已是屡见不鲜了。

对于这样的现象，有关专家说："是现在阴性化的环境将男孩教育得越来越不像男孩了。"因为这些男孩，从出生开始，他们接触的保姆大多是女的，上了幼儿园之后，接触的多数是女教师。而现在有些文化产品比如说漫画、影视剧作中又将男孩塑造成为长发飘飘的女孩样子，这些细节都会对男孩的成长带来一定的影响。

不仅如此，如今独生子女家庭越来越多，男孩更加容易被娇生惯养，受到父母过多宠爱的男孩更容易变得"娘娘腔"。在这种环境下成长起来的男孩不仅责任心淡薄，而且更容易养成自私和斤斤计较的性格。

很多幼儿园的老师都会有这样的常识：一般在3周岁之前的男孩性别意识都比较模糊，只有当他们长到五六岁的时候，才会逐渐明白男女之间是有差别的。在这个时候培养男孩的性格意识非常及时也非常关键。如果没能把握住这个关键时期对孩子进行性别培养，就很有可能影响男孩的心理健康。

那么，作为父母，我们应该怎样做，才能使男孩更加像男子汉呢？

1. 父亲对于儿子的成长具有重要的榜样力量，所以在家庭中，爸爸要在繁忙的工作当中尽量多抽出一些时间来陪伴自己的孩子。男孩的性格意识，越早培养越好，如果能让男孩多与其他男孩或成年男性接触，那样会更好一些。

2. 鼓励男孩多参加一些体育户外运动。现在的生活条件好了，很多男孩都喜欢待在家里看看电视、玩玩电脑游戏，或者是看动画片。这样成长起来的男孩不太懂得如何感受别人或者是周围的事物，更容易变得自私冷漠。

3. 作为家长，还要帮助男孩确立自己的性别角色。比方说，让男孩学会对别人说明自己是男孩还是女孩，让男孩懂得自己怎样的行为最容易获得大人们的赞许，从而使他们所扮演的性别角色获得社会的认可。

英雄情结：我想成为"奥特曼"

现在男孩过多地受到家庭的保护和照顾，这样的生长环境使他们失去了很多自由活动的机会。男孩们内心渴望能够自由地活动，但是客观环境却得不到满足，他们会因此而感到心理上的压抑，而他们喜欢看《奥特曼》，则可以在一定程度上起到宣泄情绪的作用。

《奥特曼》是男孩们都喜欢看的动画片，有的男孩不仅喜欢看，还喜欢模仿里面的动作和语言。当然，对于《奥特曼》的剧情，我们应该给予一个客观的看待，因为在剧中充满了暴力和血腥，对孩子来说确实有不利的影响。家长们在给予男孩合理的引导之余也要鼓励男孩像奥特曼一样具有勇敢和刚毅的性格。

小孩子天性纯洁，模仿能力极强，但是他们的年纪毕竟很小，还不能够建立正确的是非观念，往往什么都跟着学。所以，家长一定要重视对男孩的引导，鼓励男孩成为一个正面的"奥特曼"。

很多家长很反感自己的男孩看《奥特曼》，理由如下：

家长 A 说：我认为这个片子不好，因为它宣扬暴力，我很希望自己的孩子能够远离这些有害无益的垃圾片子。

家长 B 说：我平日里总是禁止自己的儿子看《奥特曼》，因为我担心他会变得暴力、过于好斗，但是我想尽了各种招数，软硬兼施都无济于事，孩子还是照看不误。

男孩们很喜欢"奥特曼"，自然有他们自己的想法：

奥特曼很厉害；

奥特曼会变身；

奥特曼还会飞；

奥特曼高大、坚强、有力量，是一个英雄。

正因为奥特曼是一个英雄形象，所以孩子们崇拜他也就不足为怪了，因为奥特曼恰巧符合了男孩成长的心理需求。作为家长，我们完全可以依照男孩崇拜英雄的心理，肯定他们崇拜正面形象是正确的，还可以提供一些类似于奥特曼的健康形象，比如说孙悟空，来帮助男孩树立良好积极的世界观。

如果有的男孩对"奥特曼"很迷恋，那家长应该采取什么样的办法比较好呢？

1.如果男孩很喜欢和同伴打斗，家长在发现的时候应该及时予以阻止，并且让男孩明白什么才是真正的英雄，这样可以使男孩的注意力转移，对"奥特曼"淡化。

2.家长可以和男孩讨论，有没有比暴力更好的驱除怪兽的方法。我们可以让男孩明白，我们的社会中有更先进的科学技术、有更现代化的武器，告诉男孩"打打杀杀是莽夫的行为"，还可以给男孩讲"君子以德化人"的道理。通过这样的方法可以让男孩对暴力失去崇拜感，会起到一定的积极效果。

3.我们还可以和幼儿开展各种丰富多彩的户外活动，增加男孩的体质，同时使男孩的情绪得到适度的宣泄。

生理秘密决定男孩的特质

男孩女孩生来不同

男孩和女孩生来在大脑结构上的差异，使他们对事情的处理方式截然不同。女孩更善于处理那些复杂的情感，这可以解释为什么女孩可以更加容易地理解和感受到别人的感情，她们会比男孩更加善解人意。而男孩更擅长处理那些简单直接的情感，远不如小女孩细腻。

很多父母在日常生活中也能体会到这一点：女孩一般感情都比较细腻，很会关心他人、体贴他人。在与他人相处的过程当中，女孩能够很好地感受他人的内心。而男孩只想着自己来掌控局面，不仅不会关心他人，而且在无意之中还可能会伤害到别人。

对于男孩来讲，由于他们的左右脑在发育的时候联结得不是很密切，且左脑的发育相对缓慢，所以他们不像女孩那样擅长体察他人的内心世界。诚然，不关心他人、不善沟通，这是男孩天生的弱项，但这无疑也是男孩成长过程中的障碍。如果家长希望自己的男孩能够懂一点人情世故，那就要想办法从小训练他们，耐心地教他们一些与人相处的小技巧。

有一位家长就是通过帮助自己的儿子改变思维方式，教会他体会到别人的感受的：

当儿子3岁的时候，我就告诉他说："如果你打别人的话，别人就会感到疼，所以我们不可以打人。"男孩子一般思维都比较单向，做事不会考虑到后果，所以作为家长，我先向他交代清楚。为了让儿子能更加深刻地体会到这句话的含义，我还会经常和他玩"角色互换"的游戏。

我还会这样告诉孩子："当别人感觉到不舒服的时候，他的脸色就会发生变化。我们要去关心他，安慰他。"这样，教会孩子通过别人的面部表情来判断别人的内心感受。

当儿子到了5岁左右的时候，遇到不高兴的事情，他就会发脾气。这时，我就开始教他读懂自己的情绪。我告诉他："当你感觉心里不舒服的时候，要及时告诉爸爸妈妈，或者让自己安静一会儿，一定要掌控自己的情绪。"

体会他人的内心感受、了解自己的情绪，这是培养男孩与人相处能力的必修功课，也是减少男孩与他人发生冲突的有效方法。其实，家长在教孩子学会这些交往技巧的过程，就是帮助孩子在大脑左右半球建立联系的过程，相信在这样的过程中，男孩一些天生的弱势，比如语言表达能力不强、不会关心他人、不善于与人沟通等，都能得到有效的解决。

Y染色体：决定男孩性别的关键

男孩女孩分别带着不同的特质来到这个世界上，这也就注定了从一开始男孩和女孩是不同的。男女有别，并非简单地指外观上的差异，更多的是心理、生理等方面的差异。正是因为男女之间天生的性别差异以及由这种差异引发的心理和伦理等方面的巨大差异，在教育子女的过程中，性别不应该被忽略。

每个孩子的性别在母亲受孕的那一天开始就已经被确定了，这是我们每个人都无法忽视的事实。在我们的细胞里含有一种叫作染色体的物质，它携带了一些信息，这些信息可以控制我们身体的遗传特征，比如，我们眼睛的颜色和头发的曲直，等等。性染色体分为X和Y两种。人体内的每一个细胞都含有23对这样的染色体，在每对染色体中，一半来自母亲，一半来自父亲。母亲的卵子中含有23条染色体。在受精过程中，它会和父亲的精子中的23条染色体相结合，这样就形成了含有23对染色体的新细胞。人的性别是由爸爸精子中的性别染色体决定的。当爸爸含X染色体的精子与妈妈的卵子结合时，就会生下女孩；当爸爸含Y染色体的精子和妈妈的卵子结合时，就会生下男孩。

不同的染色体结构决定了男孩和女孩生理结构的不同。这种不同不仅仅指生殖器官的显著不同，更表现在大脑结构、体型大小、激素值的高低以及感观反应速度等各方面。

　　以女孩为例，从妈妈受孕那一刻起，女性染色体基因便被女性激素激活，这些激素在女孩出生之前就已经为她规划了未来。也就是说，女性激素决定了女孩细心、安静、敏感、温柔等天性，同时也决定了女孩更注重人与人之间的关系。激素对女孩的感情生活也有着重要影响。它控制女孩情绪的稳定、思考的过程、做事的动机、爱好、焦虑以及如何处理外来的压力和性冲动。女性激素同样导致她的情绪天生就变化无常。因此，有的文学家曾把女人称为"最具情感的动物"。女性激素等雌性激素活动不稳定，就会使女孩的情绪产生波动。如果女性激素等雌性激素过低，女孩就会感到孤独、生气、易怒、悲伤、失望、缺乏自尊，这也是女孩更敏感的原因。

　　当然，雌性激素只是一个方面。女孩还受其他激素的影响。例如孕激素就是女孩更喜欢小孩子和小动物的原因，催产素则会使女孩产生更多的"怜悯之情"，这就是"母性的本能"。

　　我们再来看男孩，睾丸素在塑造雄性特征方面起到了重要的作用。虽然女孩体内也有睾丸素，但是水平只及男孩的1/20，因此女孩不存在很强的攻击性。而睾丸素这种激素使得男孩身体的发育更快。同样也是由于这种激素，使男孩的行为不同于女孩，男孩更需要释放自己的能量。另外，睾丸素的存在改变了男孩的大脑结构，限制了他们大脑两个半球的电流传输数量，而女孩通过接触两个半球过去积累的经验，很快就能领会出自己的感觉，因此，男孩对感情的反应往往不如女孩敏感和快速。

　　总的来说，染色体决定了一个人的性别，而激素造成了性别差异。

睾丸素让男孩成为"有攻击性的小机器"

　　男孩大多喜欢集体生活，更喜欢主宰、控制环境，并善于根据自己的实力来估计自己在所处集体中的地位。相对于女孩来讲，男孩更喜欢竞争，竞争的环境可以使他变得更加兴奋，男孩也更愿意接受挑战，喜欢不为任何理由的冒险。

　　教育学家曾经做过这样的实验：分别观察6个月大的男婴和女婴，当他们面对困难的时候，女婴会通过哭泣来解决问题，而男婴会试图通过自己的探索来解决问题。通过分析这个对比实验可以得出结论，男孩如果能够从父母身上得到充分的爱和支持，就会比女孩更快地走向独立。

心理学家将男孩称为"有攻击性的小机器"，在运动能力、爆发力等方面，男孩要远远胜过女孩，同时，男孩的动作速度和猛烈程度也会远远超过女孩。男孩天生在这些方面具有优势，这取决于他们体内的睾丸素。

男孩喜欢玩冲锋枪，喜欢捉弄小猫小狗，拎起它们的小耳朵。

男孩喜欢玩火、喜欢扔石块，并且不会像女孩一样友好相处，他们会在游戏中粗鲁地推倒小伙伴。

男孩有时还会有意激怒自己的弟弟或妹妹，从中得到快乐。

男孩在做事的时候注意力很集中，但是耐久性很差，表现得很毛躁。他们经常没有听清指令就盲目行动。

男孩更加富有个性，他们喜欢张扬的做事风格，并且会对自己的所作所为产生自豪感。他们的行事风格看上去果断、大气，富于斗志和进取心。

男孩天生好动，喜欢实践，总是把家里的东西搞坏，他会出于好奇把家里的闹钟拆掉，为了听清脆的响声而把杯子摔在地上。

睾丸素对男孩的影响远远超过生长激素对他的影响，男孩因而变得精力旺盛，脾气暴躁。科学家曾做过很多实验证明这一点，比如，给雌老鼠注射睾丸激素，这些老鼠竟试图和同性进行交配，彼此还会进行厮杀。这个实验足以证明：男孩好斗的根源在于睾丸素的作用。

正是由于睾丸素的存在，使男孩表现出不同于女孩的特征。了解睾丸素是父母帮助孩子更好地发展的一个途径。父母懂得相关的养育知识和技巧，才能给予孩子正确的情感影响，使他们的潜力得到最大限度的发挥。

男孩是"沉默的大多数"

科学研究表明，不管是男孩还是女孩，基本上都是先发育大脑的右半球，然后才是左半球。男孩的大脑右半球不断地发育、完善，试图与左半球建立联系。但由于左半球的发育缓慢，导致大脑的右半球神经细胞无法延伸到左半球，只能返回右半球并连接到右半球上。因此，男孩的大脑右半球连接发达，又由于男孩的大脑具备较好的空间推理能力，因此，男生一般擅长数学，并且对拆卸零件很感兴趣。他们有很强的动手能力，喜欢自己动手解决问题，和女孩相比，男孩完成空间任务的能力更强一些，更加擅长抽象思维,具有很强的立体空间认知能力。男孩在数学方面也有很强的潜力,比女孩更容易理解复杂的数学概念,自然科学也是男孩的专长。

相比之下,男孩的左脑发育得相对较慢,而大脑的左半球正是我们的语言中枢。所以,小男孩往往不能流利生动地使用语言,他们要付出更多的努力才能调动大脑的左半球,找出合适的词来形容他们的感受。

近来,科学家又发现,在大脑的结构上,男女之间存在着 7 个天然不同的区域。在女孩的大脑中,负责表达和处理复杂感情的区域更发达,比如忧伤和幻想;而对于男孩来说,负责表达和处理那些直接情感的区域更大,比如恐惧和愤怒。所以,对于有些事情的态度,男孩和女孩的态度就会相差很多,一些让女孩感觉很沮丧的东西,男孩却无动于衷,而男孩更容易被人激怒,表现得更加直接,他们经常是放弃口头表达而选择肢体动作来解决问题。

有位老师曾在班上做过这样一项调查:在他教的班级里,总会有一些孩子在听说读写方面存在困难。其中,男孩的数量要远远多于女生的数量,男孩与女孩的比例大约是 4∶1。由此可知,大多数的男孩都是不善于组织语言的。

而对于成长中的男孩来说,语言表达能力是非常重要的。如果不能顺畅地表达自己的思想和情感,就很难获得别人的理解和认同。

男孩在语言方面的劣势,一方面是由于生理的原因,此外和家长的教育方式也是息息相关的。很多家长习惯与小女孩在一起讨论,询问她们的心情,了解她们喜欢的游戏,但当和男孩在一起的时候,家长们常常任由他们自由玩耍,总会忽略与他们的沟通。而与男孩谈话、带他们去看不同的风景、聆听不同的声音,这不但可以刺激其大脑细胞之间的联系,提高男孩的表达能力,而且有助于丰富男孩的观察力、创造力以及对社会的适应能力。有位家长曾经分享过自己的教子经验:

在我的儿子刚满 1 岁的时候,我就要求自己无论多忙,每天抽出固定的时间读一段文章给他听。当时有人嘲笑我:"孩子这么小,他能听懂你在说什么吗?你这样就是在做无用功啊。"但是对于这些评论我并不理会,依然坚持每天给儿子读书。令我惊喜的是，每当我拿起书给儿子读时，他就会手舞足蹈。慢慢地，他可以和我一起读简单的诗句了。

再后来，儿子开始喜欢听我讲故事了，他每次听我讲故事，都会特别专注。我想这是训练他说话的好时机，我就会问他："你猜，接下来会怎样？"我用这样的方法引导儿子开口说话，锻炼他的语言表达能力。

男孩的大脑发育特点决定了他在语言方面的劣势，这位家长的做法就很科学。首先这位家长懂得让男孩从小对语言产生感觉，对语言产生兴趣。有了兴趣之后，再想办法促使他产生表达的欲望。当然，在实际的实施过程中，家长会遇到很多的困难，在最开始，男孩讲话肯定会磕磕巴巴或是表达不清，这都是很正常的现象，家长不要着急，应耐心地给孩子更多的鼓励和帮助，而不是嘲笑甚至批评。

男孩的阶段性成长

0 ~ 7 岁：悄悄形成的性格

男孩女孩在成长的过程中，不同的阶段有不同的特点，这些都需要家长来认真体会。男孩从出生到 7 岁入学的时候，这一段时间基本上都是在家长的细心呵护之下长大的。在这段时间中，男孩可以在母爱的包围下安全成长，虽然父亲在这一过程中也扮演了重要的角色，但是这个年龄段的孩子基本上是属于母亲的，是男孩成长过程中最温馨的一站。这一时期，父母所要做的就是给他足够的爱。

无论是男孩还是女孩，在婴儿时期都是同样的脆弱且喜欢被保护。对于那些襁褓中的婴儿和蹒跚学步的孩子来说，他们最需要和父母形成特殊的亲密关系，最需要的就是一种安全感。

通常而言，母亲最能给孩子带来安全感。为人母之后的身心改变使她成为最适合与孩子在一起的人。而对于小孩来说，母亲是最能够给他心灵安慰的人。很多有带小孩经验的人都会有这样的体会，孩子一看到最喜欢的母亲走过来，他就会笑嘻嘻的，看到不认识的陌生人走过来，就会吓得哇哇大哭。

喜欢依赖、喜欢被抚慰，是这一阶段孩子的共性，即便是男孩也是如此。作为父母，千万不要把男孩的这种现象看作是不正常的。他喜欢被人抱，喜欢有人陪他玩，喜欢被人逗，性情急躁的时候需要母亲不断地安抚才能安静下来，淘气的时候喜欢咯咯笑。这时候母亲要慈祥可亲，为男孩提供所需要的一切。而父亲可以适当地和孩子进行一些互动。

当儿子用泥巴捏出一个圆饼时，母亲要表现出喜形于色的神情，对孩子的成就大加赞叹。父亲也要有意识地和孩子打闹、玩耍。当儿子生病时，父亲在一旁轻声安慰，为他读故事书哄他入睡。这些行为会让小男孩懂得：男人是善良的，生机勃勃的；男人同样会阅读，有能力撑起这个家。

对于 7 岁以下的孩子来说，强化他的性别差异并不是最重要的，重要的是要爱护孩子。这样，在男孩的内心深处会感到安全，他的大脑会得到充分发育，并学会与人亲密交流的技巧。同时，这样的孩子也更喜欢学习，将来会更喜欢与人合作。

◇父母对策：不要把男孩过早送进幼儿园

很多研究结果表明，托儿所这种地方并不适合三岁以下的男孩。和女孩相比，分离更容易使男孩感到焦虑，他会感觉自己像被抛弃了一样，从而会在感情上封闭自己。因此，男孩在三岁之前最好是在家里，而且最好是由父母照料，这样远比找个保姆或者是进托儿所要好。因为孩子需要和看护人一起度过很长的一段时间，看护人对于孩子而言具有特殊的重要意义。

有个小男孩从一出生，其父母就特意找了一个专职保姆陪伴他成长，几年时间下来，小孩同这个保姆的感情非常深。后来由于佣金的问题，保姆与孩子的父母双方发生了争执，这个保姆一气之下就离开了家。可是男孩早就对保姆产生了心理的依赖，对于保姆的突然离开，这个男孩所遭受的打击很大。后来，不管父母又请了多少保姆，都不能与这个男孩融洽地相处。渐渐地，这个男孩的性格越来越孤僻，不爱同周围的人交流，并且对自己的父母也心怀敌意。

这样做的失误就在于，父母没有认识到这一年龄段孩子的心理特征，他们习惯于和照顾他们的人保持亲密的关系，且能够从中得到温暖、感受到生活的美好。而上面事例中的这对父母，没有首先创造和孩子互相沟通情感的机会，这就使男孩对保姆形成心理上的依赖和满足。不仅如此，父母还一手断绝了孩子和保姆的关系，这对一个正处于情感依赖时期的孩子来说是很残忍的。所以，在日后，男孩和父母的感情淡薄也是情理之中的事情。

此外，这一时期的男孩容易情绪暴躁，表现出好斗的行为，作为男孩的第一监护人，父母更应该细心照看，帮助他们健康成长。

8 ～ 13 岁：男孩在成长

男孩 8 ～ 13 岁这一阶段被称为"成长的男孩"的阶段。

这一时期的男孩逐渐认识到自己已经长大了，并开始尝试着让自己具有男子汉的气魄。这时候的男孩，在日常生活中的兴趣及价值取向等方面会越来越像父亲。在这一时期，父母所要注意的就是，在培养孩子的过程中要让他形成善良的品性，同时给男孩灌输竞争意识，多教给他一些技能，孩子会为自己能够不断地成长而感到高兴。

这一时期的男孩更喜欢和爸爸或者是其他的男性在一起，目的就是为了学做一个真正的男人。男孩心目当中的"英雄形象"，往往就是父亲的缩影，男孩会更加留意爸爸的一举一动。所以这段时间对父亲来说至关重要，很多男孩喜欢不时地制造麻烦，目的很可能是要引起父亲的注意。

有一个小男孩得了一种病情反复的怪病，医生却找不到发病的原因，只能对男孩做一些特殊护理。男孩的父亲是一位声名显赫的医学专家，听说了这个情况之后就马上从国外赶了回来。父亲刚一回来，男孩的病情就立刻有了好转。而当父亲离开之后，男孩的病情就又开始加重了。这时就有人提醒男孩的父亲应该多在家陪伴孩子。这位父亲接受了建议，从此男孩就很少发病。

有些男孩会偷东西、攻击其他的小朋友，甚至尿床，他们这样做仅仅是为了引起父亲对他们的兴趣。作为父亲要及时考虑到男孩的需要，同男孩一起运动、一起玩耍，一起培养共同的爱好。几十年后，当男孩长大成人，回忆起小时候的这段经历，总会感到无限的深情。

在美国，当男孩成长到一定的年龄之后，母亲就会经常有意地疏远他；在英国，当男孩长大之后，父母就把男孩送到寄宿学校去让他们开始独立生活。这样做的目的，是为了让他变得更加坚强。这一时期的男孩会和父亲的关系更亲近一些，但并不是说明母亲的使命已经完成，要退出男孩的视线了，不是的。这一时期的男孩仍然是崇拜妈妈的，只不过是他的兴趣发生了变化，他更加关注作为一个男人应该具备些什么。作为母亲则需要以平常心来对待这一点，一如既往地支持男孩，让男孩感受到母爱的温暖。

如果母亲总是习惯把男孩包裹得太紧，那无疑会占据儿子比较多的时间。也有一些母亲对儿子的期望值太高了，会使男孩心生畏惧。对男孩的关怀太过或不及，都会使男孩在内心深处关闭与母亲的联系。在感情上的压抑，甚至会使将来他们在与人交往的时候不能自由地表达观点。

◇父母对策：父亲要亲密，母亲要疏离

著名作家亨利·比利尔在《父亲要素》一书中说："父亲在孩子眼中比母亲的影响更大，更为社会所关注。对父亲评价越高要求也越高。由此可见做一个好父亲并非轻而易举。"

父亲是家里的支柱。他可能会很忙碌，但孩子喜欢将"大事情"说给父亲听，让他帮着拿主意。孩子心目中，父亲是成功的象征，父亲更为见多识广。父亲通常不会随便唠叨、埋怨，他们具有更强的包容心理，同时，也具有一定的做事原则性。孩子会仔细去掂量父亲说话的分量。孩子可能会对母亲的"指示"打折扣，但他们会认真去执行父亲的"指示"。

父亲，既具备法官的权威，又富有朋友般的亲和力。在日常生活中，父亲是平易近人的，他甚至会和孩子打成一片。父亲具有孩子所喜欢的野性和冒险精神，女儿会觉得新鲜，儿子则会模仿和学习。在事业追求上，父亲可能会获得更多的成就和赞誉，容易让孩子尊重，甚至崇拜。父亲，在孩子心目中的地位是无人能替代的，所以，父亲与孩子能更深刻、更透彻地交流。

因此作为父亲要珍惜自己特有的地位，注重与孩子沟通的质量和效果。当然，这并不是让父亲摆出家长的架势，而是用亲和的方式对孩子产生潜移默化的影响。为此，父亲应该尽可能去完善自己。

在生活上对男孩关怀得无微不至的往往是母亲，而男孩在年纪尚小的时候通常会有些恋母情结，对于父亲没有过多的需要。所以，作为母亲，应该尽量松开捆绑男孩的限制，有必要让男孩模仿和学习父亲的样子以增强自身的男性意识，否则会对他以后的心理、人格等方面产生欠缺。

母亲陪同顺顺参加"过农家生活"活动。顺顺住在一户养了两条狗的农家。顺顺胆小，吓得坐立不安，偏巧妈妈也从小就怕狗，于是出来进去，总领着他躲着狗走。吃饭时，狗闻着香味拼命叫唤，顺顺饭也没吃下，夜里睡觉也提心吊胆。第二天上午，他们与女主人一起去果园摘苹果，狗又跟着来了，吓得顺顺拼命地跑，顺顺越跑狗就越追，直到主人把狗喝退。回到家中，顺顺委屈地向父亲述说了这段经历，而父亲却说，这有什么呀，你见到狗以后，不要跑，蹲下来做捡石头状，用眼睛瞪着它，它看到你很凶，就不敢惹你了。顺顺点了点头。

由此可见，父亲更善于解决矛盾，孩子在父亲身边更易具有阳刚之气及较强的承受力。

14 ~ 18 岁：渴望成年的青春期

14 岁以后的男孩要完成从幼稚到成熟的转变，此时的男孩进入了快速发育期，睾丸素的含量几乎是以前的 8 倍。他们热衷于与同伴交流，并喜欢参加各类社团活动，这些活动将有助于男孩学会与人沟通的技巧，并且可以培养责任感和处理问题的能力。父母所要做的就是鼓励男孩的选择，并且给予引导。

很多男孩的傲慢自大，绝大多数是来自于父母的过分溺爱，或者是由于学习成绩好，拥有了太多的优越感，久而久之有一种"唯我独尊"的霸道。父母要让孩子懂得谦虚做人，让他明白自己的位置。

苏东坡在年轻的时候由于天资聪颖，受到周围人的追捧，很是得意，在门前写了一副对联"识遍天下字，读尽人间书"，其狂傲的态度可见一斑。后来有一位老者特意来找他，向他请教了一个生僻的字，而苏东坡并不认得，禁不住红了脸。

老人问他："你不是识遍天下字了吗？"苏东坡认识到了自己的狂妄，于是把对联改成"发奋识遍天下字，立志读尽人间书"，从此虚心向学，一发不可收，最后成了一个真正有学问的人。

十几岁的男孩总是热衷于自己的想法，以自己的兴趣为标准，从来不会顾及别人的感受。不仅如此，很多在这一时期的少年会表现得动作粗鲁，行为恶劣，与人交往时毫不谦让。这是一个人从儿童到成人过渡的关键时期，所以经常兼有两个时期的特点：一方面，这一时期的孩子缺乏适应社会环境的独立思考能力、感受力和行动能力等；另一方面，初步觉醒的自我意识又会支配他们强烈的表现欲，即处处想展现自己，想通过展示自己和别人的不同来证明自己的价值。

这一时期的孩子喜欢打扮得与别人不一样，喜欢做一些引人注目、与众不同的事情，也爱说一些令人吃惊的话，希望别人能够对他们另眼相看，这都是他们想要的效果。如果了解到这些，相信很多家长就不难理解孩子这一时期的叛逆表现了。

作为父母，在看到男孩有这样的表现之后不可以听之任之，而是应该让男孩强化一些基本的品质，比如做事负责、为他人着想等。

要想强化男孩的这些素质，可行的方法是让孩子加入为别人服务的行列，他们在帮助别人的过程中可以获得满足感，同时可以得到别人的尊重，建立更多的自信，对人生的意义和价值也会有更深一层的认识。

◇父母对策：让男孩感受到你的尊重

这一时期的男孩不仅仅是个孩子，而是已经长成一个小男子汉了。这时期的男孩在生理上已经完全发育成熟，但他们却刚刚迎来了真正意义上的成长，他们需要在日后的学习生活中找到自己的位置，选择自己的生活方式。

随着年龄的增长、生理和心理上的变化，父母会发现十几岁的男孩非常不好管教，他们常常在各方面与父母形成分歧，父母通过威胁、哄骗等方式对男孩进行教育不会起丝毫的作用。青春期的男孩极度敏感，家长在教育时也要特别小心，千万不要动不动就训斥，甚至打骂，这样会极大地伤害男孩的自尊心，甚至会出现意外。

对于很多男孩的父母来说，最不愿意做的事情就是让男孩脱离自己的控制，可是，男孩已经长大了，作为父母也不得不面对现实，给男孩充分的自由，让他独自选择属于他自己的人生道路。父母所要做的就是理解、鼓励和支持，无论自己的男孩做出什么样的选择，父母都应该给予足够的耐心，支持他做出的选择，鼓励他一直走下去。这时期的男孩需要别人了解他的想法，当有人愿意心平气和地坐下来倾听他的观点和见解时，他会表现得非常通情达理。

下面六招可指导爸爸妈妈们帮助男孩度过"特殊时期"：

1. 给予正确的导向。父母可以充分利用和男孩一起看报纸、看电视的机会，就发生的某件事情自然恰当地进行教育，也可以通过讲述亲戚朋友的故事来影响男孩。

2. 关心男孩的生理。青春期男孩会发生显著的生理变化，一般他不愿意主动向爸爸妈妈说明。作为家长，要了解到孩子的需要，可以买一些适合孩子阅读的青春期科普读物，放在桌子上让他自己来阅读，或者委婉地告诉男孩一些相关常识。

3. 警觉男孩的异常行为。如果男孩有下列情况，家长一定要提高警惕：有旷课的行为；与不认识的社会青年接触；上课不能专心听讲，神情恍惚；过分在意自己的外表，喜欢打扮；突然不爱讲话，学习成绩明显下降，等等。如果男孩出现这些不正常的情况，作为父母要格外留心，并和老师保持及时的沟通。

4. 做男孩的活榜样。父母首先应有一个积极向上的生活态度，这对于男孩来讲尤其重要。父母应充分发挥自己的榜样引导作用，让儿子在潜移默化中学会做人做事的道理。

5. 培养孩子的健康趣味。家长可以鼓励孩子学习摄影、绘画、弹琴等才艺，让男孩的注意力转移到有意义的事情上来，为男孩的充沛精力找到用武之地。

6. 指导男孩的人生观。如果父母能够扮演一个良师益友的角色，那一定会受到男孩的欢迎。抽出时间和男孩谈谈心，帮他提一些有用的建议，都可能成为男孩前进道路上的有益指导。父母还可以给男孩写封信，通过书信的形式给孩子留下反复体味的人生哲理，这些都将成为他的一笔精神财富。

男孩父母要知道的事

教育孩子不能忽略性别

在很多人能看来，性别教育就是性知识教育，即把"性""别"分开来。例如，教育孩子们了解男女生理结构如何不同，月经初潮和遗精是怎么回事，教导男孩和女孩各自应恪守怎样的性规范，等等。

实际上，这种关于性别教育的观点是片面的，性别教育不仅仅是指生理上的性知识传授，还包括心理发育，更涵盖了人格教育的重要内容，以便向我们的下一代传授社会文化所认可的道德规范和社会价值标准，使孩子身心发展正常健康，为他（她）在将来的生活、婚姻中幸福长久，并在社会竞争中争取一席之地做准备。

举一个很明显的例子，现在的学校教育，是男生、女生坐在一起，老师用一样的教育方式，学校用着同样的评价体系，这样真的对每个人都公平吗？即使公平，又为什么被称为"坏学生"的总是男孩多呢？

实际上，由于男孩女孩的生理机制不同，他们的发育时间也不同。一般来说，男孩的身体发育比女孩晚。这就是小学时期，女孩子比男孩子能更出色地完成学校交给的任务的原因之一，特别是像要求坐好、遵守纪律、认真听老师讲话。但如果我们忽略了男女发育时间不同这一点的话，就会把这种现象归结于男孩本身，认为这些发育上的差异是笨或迟钝的表现，而不是去考虑自己对待他们的方式是否有问题。这也形成了男孩更讨厌学校的主因。

还有一个很明显的例子，就是关于阅读。很多教育家提倡家长陪孩子读书，从小培养孩子们的阅读习惯，讲故事则是培养阅读习惯的一个重要方法。然而，故事如何讲才能吸引他们的注意力，男孩和女孩却有很大的差异。男孩更希望先听结尾再听细节，而女孩则更喜欢由细节到结尾，因为这样会使整个故事带有悬疑色彩，女孩喜欢这样的悬疑。

性别没有好坏之分，各有自己独特的优势，如果正确引导，性别优势会给孩子们的成长与发展带来加分的机会。但遗憾的是，现在的家长对自己孩子的关心大多放在对其学习成绩、身高体重上，而对他们不同性别的心理发育和气质的形成却较少关心。他们希望自己的孩子聪明、听话、个子长得高大些、学习成绩好些、能讨家长和老师的喜欢，对其个性和创造能力却很少考虑和关心，尤其是对男孩子，动不动就训斥甚至打骂，扼制了他们"顽皮捣蛋""争胜好斗"的天性。

近几年，"阴盛阳衰""中性化"现象已成为受人关注的社会话题。男孩子似乎越来越阴柔，身上的男子汉气息在日益减少。女孩子身上则没有了温柔、娇羞等女性特质，转而向中性化发展，脾气、个性、穿着打扮以和男孩子相似为荣。

很多老师也都发现班里的怪异迹象，女孩子个性张扬，男孩子却有些温顺。甚至有的男生，平日总喜欢穿一件类似于扎染的花衣服，说起话来细声细气，比画动作时还喜欢翘着小手指。

卢梭说得好，"在女人身上培养男人的特性，而忽视女人固有的素质，很明显对女人是有害的。"其实对男孩来说也一样。男孩和女孩是如此不同，教育他们也需要不同的规则和技巧。

一般来说，男孩擅长抽象思维，具有很强的立体空间认知能力，这正是将来学习工程学所必备的技能。男孩在数学和自然科学方面也有很强的潜能。而女孩子比较擅长形象思维，语言表达能力优于男孩。

如果父母从性别角度出发，认真对待男孩女孩的不同，针对他们各自的特点采取相应的教育，那么，将会收到良好的效果。比如，意识到小学阶段的男孩发育较慢，家长可以降低期望值，不必要求男孩一定要和女孩一样出色，这样男孩的心理压力就会降低，也不会把学习与痛苦体验联系起来。

在教育子女的过程中，尊重他们的性别特质实际上是"因材施教"理念的一种延伸。但是，每个人又都是独一无二的，他们各有其特点，即使同是男孩子，也各有不同；因此，如果单纯因"性别"施教，可能会限制孩子潜在能力的发挥。

因此，我们对孩子的教育与培养，最重要的就是要尊重孩子成长的步调，根据不同性别的不同生理、心理特点有侧重地挖掘孩子的潜能，进行不同的训练。从性别平等愿望出发，了解男孩女孩不同的立场、态度和观点及努力方向，是性别教育所不可或缺的。

最后，我们还要提醒父母的是，在尊重他们各自不同特质的同时，也不能把男女彻底分化，认为世界只能分为男女两部分，而造成教育从一个极端走向另一个极端。

善待另类的"窝囊男孩"

前面提到，男孩大多是地地道道的"小冒险王"，然而生活中并不是所有的男孩都是这样的。也有很多家长抱怨自己的男孩并非如此，他们胆小、冷漠、孤独。

洋洋是个男孩子，但是他非常胆小：6 岁时还不敢一个人睡觉，一定要妈妈陪在身边才能入睡；7 岁的时候还不敢坐转椅，也不敢打滑梯，他担心会从上面摔下来；9 岁时，他还不能主动和别人打招呼，和大人说话时总是羞羞答答的；13 岁时，他不敢和同学在一起玩爬梯，同学都笑话他；15 岁时，他还不会骑自行车，他担心会从车子上摔下来。

洋洋似乎比同龄的女孩还要胆小，洋洋的父母很担心：一个小男孩怎么会那么胆小呢？

其实对于男孩而言，胆小并不意味着绝对的软弱，有的男孩会从其他的方面找到自己释放能量的突破口，家长不必过多担心男孩的胆小。很有可能，他们看似胆小的原因是没有发现让自己真正感兴趣的事情。

有个男孩，在妈妈眼里看上去很"窝囊"，他在与人交谈的时候表现得词不达意，而且常常面红耳赤；碰到老师不愿意打招呼，情愿绕道而行；在公共场合很少发言，即便是碰到了自己了解的话题，也轻易不发表言论；平时学习成绩挺好的，可是一到考试就砸锅……就是这样的一个看上去很胆小怕事的男孩，后来迷上了玩滑板，他很喜欢在空旷的广场上驰骋的感觉。有一次，妈妈看到儿子站在滑板上飞驰的样子，第一次感觉到儿子居然这样的帅气，妈妈因为惊讶所以惊喜，狠狠地夸奖了儿子。儿子得到了妈妈由衷的赞赏，对自己也燃起了信心，后来也就不再是个"窝囊"儿子了。

教育学家认为，男孩的这种"怪癖"，往往是由家庭因素引起的。如果父母之间的感情不和或者家庭遭受挫折，父母对孩子过于溺爱，都会使男孩变得"另类"。

富兰克林·罗斯福在8岁的时候看上去还很胆小，脸上总是露出恐惧的表情。每次上课遇到老师叫他回答问题，他就会双腿发抖，嘴唇颤抖不已。

童年时期的罗斯福极度地自尊和敏感，他回避社交活动，也不敢结交朋友。但是他有一点与众不同的是，他总是强迫自己和嘲笑他的人接触，强迫自己参加一些诸如打猎、赛马等激烈的活动。他试图努力改变自己，他咬紧自己的牙床使嘴唇不再颤抖，他利用假期的时间到非洲追赶狮子，他要让自己变得强壮无比。

凭着这种奋斗的精神，他没有因为自己的缺陷而气馁。后来，很少有人知道他曾有过严重的缺陷，只知道他是美国历史上一位深得人心的总统。

罗斯福的经历说明，男孩子那些很要命的缺点，是完全可以通过后天的努力来改变的。父母更应该有信心帮助男孩克服胆小的缺点，让他成为一个有用的人。具体做法如下：

1. 鼓励男孩多参加一些具有挑战性的运动，把男孩置身于充满挑战的环境中，最容易让男孩学会挑战。

2. 引导男孩做好应对挫折的准备。鼓励男孩在遇到困难的时候，尽量自己想办法解决。当然，父母还可以故意帮男孩设置一些"挫折"来考验男孩，但需要注意的是，应避免让男孩做他无能为力的事，而是尽可能地让他体验到成功的喜悦。

3. 如果男孩吃了苦，父母也不要表现得很心疼。因为物竞天择、适者生存，这是自然存在的规律。如果男孩没有过吃苦的体验，也没有吃苦的精神，将来就很难应付挑战，也难以在激烈的竞争中获胜。

4. 培养男孩的意志力。能够坚持到底，才能获得最终的愉快体验，才能培养出坚强的意志力。

5. 不要剥夺男孩玩的权利。父母不要以为玩会耽误男孩的学习，实际上男孩在玩的过程中可以发挥自己的想象力，更容易激发他的创造力和学习能力。

6. 对男孩进行自我保护训练。教给男孩必要的安全知识，以备不时之需。

了解男孩才能教育男孩

"知己知彼，百战不殆。"这句军事名言在家庭教育中也同样适用。如果不能针对男孩的心理特点对其进行有针对性的教育，我们又如何能够帮助男孩呢？因此我们建议，父母要教育男孩，首先要进入男孩的世界。

当孩子遇到烦恼和问题向你倾诉时，你会怎么做？

传统的做法可能是，父母会倾听孩子的问题并给予忠告或者帮助孩子寻求解决的方法。但事实却告诉我们，女孩和男孩在遇到烦恼或问题时，希望在父母身上得到的东西是不一样的。

男孩的生理心理机制决定了他们对问题的反应，他们不喜欢闲谈，而习惯于自己解决问题，他们觉得自己强壮，独立性强，他们拒绝接受别人的帮助，他们坚持用自己的方法解决问题。因为男孩骨子里有一种理论："我自己可以做这件事，干吗牵连别人！"独立解决问题对男孩而言是一种能力的体现，他们喜欢享受问题解决后成功的感觉。因此，在男孩请求你的帮助前，千万不要擅自提供帮助，因为在他们看来，那不是对他们的爱而是你对他们的否定与控制，这对他们的自信和自尊将是一次沉重的打击。更严重的是，如果他们得到太多帮忙，就会失去力量与动力，容易变得懒散或没有安全感。这样，阳刚之气一点点的消失也就不足为奇了。

男孩天生喜欢独立解决问题，因此当他希望和你讨论问题或者请求你帮忙时，只能说明一个问题：他面临的问题已经不在他的能力范围之内了。这个时候，男孩的问题通常都是明确的，他们希望能在你这里得到明确的建议和帮助。

当男孩觉得被需要时，他会被激发，充满动力；如果让男孩感觉到你对他十分信任，又能满意他做的事，感激他的努力，他就会做得更好，而且会主动承担更多。

新加坡前总理李光耀的母亲就非常了解教育男孩的奥妙。李光耀的母亲从来没有把他当成是一个孩子来看待，而是把他当成一个有思想、能独立思考的男人，并尝试着和他商量家里的事情，遇到大事时，还会首先征求他的意见，然后再仔细地做出决定。因此，李光耀在童年时期，就已经学会了独立思考和判断。

从政以后，李光耀表现出惊人的领导才能和判断、执行能力。李光耀个人认为，这些能力与幼年时母亲对自己的培养不无关系。

日常生活中，我们也可以设计一些小情节让男孩觉得自己是被需要的，比如，我们可以这样告诉男孩：

"你是男生，谦让女生是应该的。"

"爸爸今天要晚点回来，你要照顾好妈妈，保护好妈妈！"

另外，男孩有压力时，更需要安静。"他们还这么小，吃喝不愁，能有什么压力呢？"看到这种说法，你是不是有这样的疑惑？其实不然，人都会有不同的感受，虽然孩子现在还不用为生活发愁，但他们也有自己要追求的东西，有自己的生活圈子，他们或许因为学习感到压力，或许因为和同学之间的关系感到压力，或许因为老师的某句冷嘲热讽感到压力，又或许因为自己身体的某种缺陷而感到压力。总之，当孩子感到自己有压力时，家长千万不能视而不见，而应根据不同的情况帮孩子缓解压力。

一般情况下，男孩不喜欢和别人谈论自己的生活和压力。因此，他们感到有压力时，就会变得更加沉默寡言。如果男孩愿意请求你帮助，你一定要给出某种建议。如果男孩不愿意你帮助他，你也可以采取一定的措施转移男孩的注意力，如陪男孩玩游戏或者爬山等较富挑战性的事情。通过做这些事情男孩可以减轻压力、松弛身心，甚至忘掉他面对的难题。

走进男孩的世界，了解男孩的一般心理特征和行为特点，我们才能更好地对男孩进行指导和教育。

要尊重男孩自己的意愿

父母在教育孩子的过程中，往往容易陷入这样那样的误区：

其一，孩子是我的，我想怎么管就怎么管。

"养儿防老"这样的观念尽管已经很过时，但是更多的人对此深信不疑，将养育孩子作为今后希求回报的依据。这种功利的想法，是对亲情极大的侮辱。爱之所以值得赞美，原因就在于这是一种纯粹的不求回报的给予。有些父母将孩子视作自己的私产，觉得"既然是我的孩子，我想怎么管就怎么管"，完全无视孩子的感觉和承受能力。

其二，希望男孩按照自己的轨迹走下去。

失败的父母往往有一个共同的毛病，那就是喜欢按照自己的"好恶"来栽培子女，而恰恰是这一点也显示出父母的眼界有多么的狭隘。现在，还有很多父母热衷于为孩子规划未来，告诉孩子考学去哪里，工作去哪里，甚至择偶都要一手包办，这些通通要父母来决定。而这样却让很多男孩按着既定的轨道走出了平淡无奇的一生。

其三，向男孩宣示自己的权威。

一个让父母们感到尴尬的事实就是，我们都明白"用暴力来制裁孩子是很无能的表现"，但是事实上，很多父母不可避免地喜欢用这样的方式来教育男孩，甚至久而久之会形成惯性。

作为家长，我们心中要明白，家长心目中的"好家长"和孩子心中的"好家长"往往存在着一定的距离。家长的喜好，孩子未必就喜欢。而孩子的喜好，家长往往不能接受。总而言之，也许男孩和父母在某些方面的观点会有所不同，所以作为父母我们如果一味地要孩子坚持自己的观点，就很容易招来孩子的反感。明智的父母从来都不会将自己的观点强加于他人，若不是大是大非的问题，也可以顺着孩子的意思。

这一天分明是个大晴天，但是斌斌却很想穿那双雨靴去幼儿园，妈妈感到很奇怪，又没有下雨，穿雨靴干吗？于是她就没有同意，就把雨靴从斌斌的脚上脱了下来，斌斌有点不太情愿，不过还是依了妈妈的意思。

后来，斌斌的妈妈才想到，自己刚才为什么不考虑一下孩子为什么想穿雨靴呢？原来，斌斌非常喜欢妈妈给他买的新雨靴，很想同小伙伴们炫耀一下，仅此而已。想到这里，斌斌妈妈不禁笑了，想不到儿子还有这点小心思啊。

可见，我们并不完全了解自己的孩子，对于同样的一件事情，大人与孩子之间的评判标准并不一致。

当然，从父母的角度出发，他们有的时候会担心自己的孩子判断力出现不足，这也是人之常情。其实，父母未免有些多虑，我们完全没必要过于担心，因为每个孩子都需要经历一个选择与体会的过程，他们会从中领悟到各种各样的道理。

退一步说，即使是孩子做出了错误的选择，且由此导致的后果较为严重，我们也要尽量使用平和的语气向孩子说明情况，让孩子充分理解，而并非没头没脑地训斥孩子。

作为父母，我们应该尽量向男孩传达这样的信息：

"爸爸妈妈是永远支持我的。"

"爸爸妈妈是我最有力的支柱和靠山。"

"爸爸妈妈是我最亲爱的亲人。"

作为父母，我们要赋予孩子一种力量，帮助他们在以后的道路上越走越好。

大包大揽培养不出自立的男孩

被喂养惯了的动物接受放养时，通常自己不会捕食。大自然的生存法则告诉我们：动物如果学不会自己捕食的话，就会被饿死。同样的道理，在父母的庇护下长大的孩子通常没有在社会上独自生存的能力。一旦父母因为一些原因无法顾及他们，他们就只能被社会淘汰。

由于现在独生子女居多，几代人的关心与爱护都集中在一个孩子身上，家长会为孩子们铺路——替他穿衣，替他系鞋带，替他安排工作，替他迎接挑战，一次，两次，一百次……这些孩子长大后依赖心理严重，凡事不想自己动脑筋，遇到事情首先就想到找人帮忙，而且这样的孩子惯于推卸责任，将来势必不为社会接受。

对儿童心理和脑力开发研究造诣颇深的日本杰出教育家多湖辉认为，增强孩子能力的最好办法，就是使父母成为"教育的实践者"。父母不仅要了解孩子独特的心理动态，而且应该针对不同孩子的个性特征，不断地在生活和学习实践中摸索了解教育孩子的方法。而要求孩子帮忙多做家务，对于孩子来说，会起到比课堂更有效的学习效果。因为这不但可以提高他们动手实践的能力，而且孩子在实际动手过程中必须学会安排计划，这就促使孩子将家务活与学习时间调剂好，在做不同家务的同时，也培养了孩子的耐性和身体素质。

我国著名教育学家陈鹤琴先生曾说："凡儿童自己能够做到的，应该让他自己做；凡儿童自己能够想的，应该让他自己去想。"这是一句符合儿童成长规律的至理名言。其实，要让孩子脱离对别人的依赖，独立地发展和锻炼自己，走出成长的误区，并不是一件非常困难的事情。

有人说，中国孩子很累，中国父母更累。就像有的母亲所说："我一颗心都扑在孩子身上，可以说现在所做的一切都是为了孩子；只要孩子将来有出息，再苦再累我都愿意。"因为他们只有一个孩子，不想让孩子输在起跑线上……于是，家长们从孩子一出生就为他们设计好了人生。不幸的是，作为传承性很强的家庭教育，今天的父母并没有太多可以借鉴的经验。在这种情况下，父母为孩子设计好的人生计划，很有可能是自以为是的规划。孩子在成长的过程中，只能沿着这条道路前进，不能有"非分"之想。

著名的教育工作者孙云晓说："中国的父母正在辛辛苦苦地酝酿着孩子的悲剧命运，争分夺秒地制造着孩子的成长苦难。实际上，我们的父母在和自己作战，用自己的奋斗来击毁自己的目标。"作为家长，诚然我们不希望看到这样的结果，那么怎样做才是正确的呢？

1. 做力所能及的事情，培养孩子动手的习惯

家长不可能照顾孩子们一辈子，因此从小就应该让他学做一些力所能及的事情，比如洗衣服、收拾文具、帮父母拖地、洗碗等。只有从小事做

起，才能逐渐培养起他们独立自主的精神。

2. 给孩子犯错误的机会，锻炼孩子的自立能力

要避免对孩子过度保护，我们首先应该充分尊重孩子的想法和意愿，放手让孩子自己拿主意，如果我们对孩子过度保护，因为怕孩子犯错，就一味地为他铺垫一切，事事拉着孩子的手，那么他在心理上永远都不可能长大。

第二章

父亲和儿子一同成长
——做男孩真正需要的好爸爸

父爱：男孩不可或缺的爱

父爱与母爱不同

看到一条河流，男人注意到的是它的速度和水量，目测它的深度，并猜想自己是否可以穿过它到达彼岸；而女人会注意那些愉快的浪花、晶莹的水泽，有的还会脱下鞋子跳进河里，顾不得水流里是否暗藏危险。这就是男人与女人的区别，因而我们常听说，"男人来自火星，女人来自金星"。

"男人来自火星，女人来自金星"这个美国著名的畅销书作家约翰·格雷的经典命题，让人们开始注意到男女本身的不同。

小琛一家到郊区野餐，在爸爸的鼓励下，小琛开始寻找各种各样的小动物，并且捕捉他们，要带它们回家做标本。在看到一只野兔时，爸爸兴奋地大叫："快看，有一只野兔，可惜我们离它太远了，不然我们一定将它抓住，做一顿美味的野兔大餐。"听到爸爸的话，小琛也开始紧紧盯着那只兔子，目光中充满征服的欲望。

当午餐的时候，小琛把他们看见野兔的经历讲给妈妈听，语气中满是遗憾，没想到妈妈却说："为什么要吃掉那只兔子呢，也许他们也是一家人出来晒太阳，享受今天的好天气呢。你想想，要是有人把你带走，爸爸妈妈该多么难过，同样的道理，我们怎么能从野兔的家庭里夺走一个成员，更别说要残忍地吃掉它了。"

男人的攻击性和女人的多愁善感，让爸爸妈妈对孩子有截然不同的要求，而这也让孩子掉进一个矛盾的思维世界，由于没有思维判断的能力，孩子可能会依据自己平时的亲疏感来决定听谁的说法，如果一直崇拜爸爸，那么妈妈的主张就可能被抛在脑后了。这样的情况时有发生，一方面，可能会激发孩子自己去思考辨别；另一方面，也可能让孩子莫衷一是。

怎样的教育才不会前后矛盾，让孩子有一个学习的标准呢？这里，也同样需要依据爸爸妈妈自身的性别特质来教养孩子。

爸爸可以发挥自己身上本来的健壮、理性、创新的特质，让孩子在生活中体会到主见、责任和原则。这些抽象的概念本身是很难对孩子有所启发的，但是通过父亲示范，孩子会将这些优秀的品质和人生必备的智慧，自然地纳入自己的思维世界中，形成一个大体的框架。

小雨的爸爸常常自己钻研新东西，并且邀请小雨作为自己的搭档。面对一些看不懂的术语或是单词，两个人就商量着它可能的含义。有英语基础的小雨教爸爸如何使用在线翻译，他自己的英语学习积极性也大大提高。邻居遇到一些常见的问题，小雨爸爸也是毫不犹豫地出手相助，正是这些点点滴滴，影响了他的男儿本色的养成。

妈妈也同样可以将自己最温柔、秀美的一面展示给孩子，妈妈是孩子最信赖的朋友，也是他日常生活中接触最为亲密的人，再没有谁比妈妈更适合教会孩子如何与人接触，因为他会将妈妈对待他的方式，运用到对待他人的过程之中。

小雨的妈妈，在生活中勤劳、节俭。对于有困难的人，她从不简单地施舍，而是照顾别人的感受，想方设法给别人恰当的帮助。和小雨说话时，妈妈从来不会一副心不在焉的样子。她还向小雨学习上网、聊天，并且学会了使用五笔打字，母子之间的感情变得更加融洽了。

父亲是孩子眼中的超人

父母需要学习更符合自己性别特质的教养智慧，在我们传统的中国人眼中，父亲就是整个家庭的主心骨，他是家庭经济上的主要来源，也是全家重要事情的决策者。父亲在孩子的眼中，常常就是一个无所不能的"超人"角色。

"父亲"对孩子来说究竟意味着什么？经过大量的调查研究，育儿专家给"父亲"这个角色提出如下几个方面的建议：

1. 父亲是孩子游戏的重要伙伴，孩子需要在游戏中成长

组织一次家庭野餐，父亲常常会带着孩子上山采果、下河摸鱼。在孩子看来，唯有父亲能陪他完成这次冒险，并且在危难的时候帮助他。即使

在家里，父亲也常常会把孩子举到肩上，来回旋转，或抛向天空。这些动作常有一定的危险性，但父亲的大手和力量可以让孩子感受到刺激与安全，令孩子们快乐地"咯咯"大笑。

在刚开始的 20 个月时，父亲成为孩子的基本游戏伙伴，20 个月的婴儿对父亲的游戏明显地感兴趣，反应积极；30 个月以后，父亲则成为主要的游戏伙伴。这时的婴儿能兴奋、激动、投入、亲近、合作而有兴致地和父亲一起游戏，他们会把父亲作为第一游戏伙伴来选择。

2. 父亲帮助孩子形成积极个性品质，培养孩子的正面情绪

在现代社会，男性的独立、自主、坚强、果断、自信、与人合作、有进取心等更是富有创业精神的一代人积极学习的精神。父亲正是促进孩子形成积极个性的关键因素。理想的父亲通常具有独立、自信、自主、坚毅、勇敢、果断、坚强、敢于冒险、勇于克服困难、富有进取心、富有合作精神、热情、外向、开朗、大方、宽厚等个性特征。

孩子在与父亲的互动中，一方面接受影响并且不知不觉地学习、模仿；另一方面，父亲也自觉、不自觉地要求孩子具有以上特征。如果孩子在 5 岁前失去父亲，对他的个性发展会非常不利。孩子年龄越小，影响越大。没有父亲的孩子缺少克服困难的勇气，具有较多的依赖性，缺乏自信、进取心，同时在控制冲动和道德品质发展上也有不利的影响。

3. 父亲能提高孩子的社交技能，让孩子今后成为乐于协作的人

父亲是保持家庭与外部社会联系的"外交官"，对孩子社交需要的满足、社交技能的提高具有极其重要的作用。随着孩子长大，他与外界交往的需要日益增多，父亲作为孩子重要的游戏伙伴，扩大了孩子的社交范围，丰富了孩子的社交内容，满足了孩子的社交需要。

同时，父亲和孩子的交往可使孩子掌握更多、更丰富的社交经验，掌握更多、更成熟的社交技能。若孩子在和父亲的游戏中反应积极、活跃，那他在和同伴的交往中也较受欢迎。因为父亲影响了他的交往态度，使他喜欢交往，在交往中更加积极、主动、自信、活跃。

4. 父亲能使孩子的性别角色正常发展，让男孩更坚强

社会处处存在性别暗示，即使是给孩子的玩具，也会有"男孩的"与

"女孩的"分别。在儿童性别角色发展中，不论是对男孩儿还是对女孩儿，父亲的作用似乎更大一些。孩子在与父亲的游戏中渐渐意识到自己的性别身份：父亲常常和男孩子打闹，称他为"男孩汉""哥们儿"，却对女孩子非常温柔，抚摸她的小脸蛋，称她为"小公主"。

5. 父亲能促进孩子的认知发展，提高孩子的智商和情商

由于父亲在性格、能力等上的特点，特别是父亲与孩子在交往上的独特性，使孩子从母亲和父亲处得到的认知上的收获是不完全相同的。从母亲那儿，孩子可以学到更多语言、日常生活知识、物体用途、玩具的一般使用方法等。从父亲那儿，则可以学到更丰富、广阔的知识，比如认识自然、社会的知识，并通过操作、探索、花样繁多的活动、玩法，逐步培养动手操作能力、探索精神，从中，孩子的想象力受到刺激、变得丰富，并愿意动脑、有创造意识，他们的求知欲和好奇心也会同步发展。

孩子将来在社会生活中需要的知识、沟通技巧都受到父亲的影响，而且这种影响力是持久的、牢固的。没有父亲的男孩，常常感到不安、自卑，也不愿意与他人交流，生活在压力之中。正是父亲为孩子的成长支起了一片天空，在他还没有能力经受风雨的时候，给他时间成长筋骨、养精蓄锐。父亲是世界上最重要的角色，认识到这一点，对每一个父亲来说，既是重要的责任，也是迈向成功教育的第一步。

父亲性格决定男孩性格

播种性格，收获习惯；播种习惯，收获命运。性格决定命运已经不是新鲜的话题，但谁更能影响孩子的性格呢？答案就是父亲。

学前教育专家说：对孩子而言，爸爸意味着安全和自信。幼儿园有一种户外活动器材，在爸爸妈妈接孩子回家时，经常会有孩子爬到上面下不来，害怕地叫爸爸或妈妈。妈妈听到叫声后总是急急忙忙把孩子抱下来，宝宝长宝宝短地哄着。而爸爸听到叫声后往往对孩子说，你自己下来！能上去就能下来。生活中的妈妈一般较爸爸胆小、感情丰富，容易被电视剧或者身边人的故事打动，而爸爸在这方面更容易影响孩子形成勇敢的品质，这一点对男孩儿来说很重要。

这位教育专家还说："如果我办幼儿园，我会隔一段时间就请一位男老师(或爸爸)来给孩子们上课。"幼儿园女教师居多,不利于男孩的成长,也不利于女孩完整个性的形成。男性能显示给孩子勇敢、自信、安全、坚毅、强悍的性格特征。孩子的性格形成,与父母个性影响有很大关系,而爸爸的影响力比妈妈更大。

爸爸同子女的关系愈健全,子女应付社会压力的能力也愈大。曾有一对夫妻在阳台上看见儿子与别人打架,这位爸爸在阳台上大声喊道:"打得过就打,打不过就跑。"一句话提醒了儿子,儿子本无心恋战,一溜烟跑回家。妈妈就容易指责自己的孩子或指责别人的孩子,把本该结束的事件延续。这就是一个很典型的性别影响性格的案例。

在培养孩子的性格上,父亲不仅需要具备探求新知的好奇心,也需要思考辨别生活中的常规,勇于尝试、勇于挑战,为孩子的成长创造更加适合的条件和土壤。

父爱对孩子来说另外一个重要的影响就是让孩子形成正确的性别意识。每个爸爸都有自己的教养哲学,但永远都在儿子与女儿两种世界里变化。男孩和女孩对同一信息会有各自的理解,这种差异的原理在于生理上本身的不同,男孩注重逻辑,女孩比较发散,因而父亲对男孩和女孩的影响也是不同的,在男孩子的世界里,父亲是超级英雄,是力量和权威的象征;在女儿的世界里,父亲则是依靠和信赖的对象,是女儿的第一个异性朋友。

父亲积极地和孩子交往,有助于孩子对男性、女性的作用与态度有一个积极、适当而灵活的理解。研究表明,男孩在4岁前失去父亲,会使他们缺乏攻击性,在性别角色中倾向于女性化的表现——喜欢非身体性的、非竞赛性的活动,如看书、看电视、听故事、猜谜语等。

男性向往权利,即使在父亲与儿子之间也是如此。男孩子向往与父亲之间是相互尊重、相互配合的关系,当他发现自己被当成一个男子汉来对待的时候,他会感到自己的存在价值。

男孩子的心里有强烈的自我独立感,他们不希望被指挥,当他们向父亲诉说种种不愉快的事情的时候,也许并不是在寻求答案,而是想抒发一下感情,怎样做他们已经知道。因此父亲不要急于给儿子一些建议,这是男孩子成长的时间，他们在运用自己的能力摆平问题，父亲只需要鼓励他、相信他。这样有助于提醒他：你是一个男子汉，我相信你自己能解决问题。

如果一个男孩子在遇到困难的时候，还哭哭啼啼地找爸爸来帮忙，这时爸爸就应该好好反思一下自己对待男子汉的方式了，是不是不太信任他？是不是总觉得他还只是一个孩子？如果你想培养一个勇敢的男子汉，那就抛弃过多的爱，放开孩子的手脚让他成长。

缺少父爱是男孩的情感缺憾

家庭教育中，父亲对孩子的影响是母亲所无法替代的。父亲早期教育的参与能够更好地培养孩子许多优秀的品质，会更好地促进孩子身体、智能以及性格的发展。

有一次，一位美国教师在演讲会上，提供许多协助儿童克服惧怕的方法，并一一举例说明，引起听众强烈的回响。会后，有几位听众问道："父亲不尽责，所造成的不安全感，对孩子的影响究竟有多大？"

教师解释道："就我的经验和观察，那些缺乏父亲照料的孩子，如果母亲或家人不能提供安全的爱，孩子较易自暴自弃，沉沦于玩乐游荡而不能自拔，甚至犯罪。"

"怎样才能补救呢？"

"我接过许多这类个案，发现他们所需要的不是专业辅导，而是一个关心他们、了解他们、肯花时间陪他们的父亲。他们需要的也不是心理医生，而是一个他信任和尊敬的男人。因此，要唤醒那些不尽责的父亲，把他们从麻将桌上请回家，从灯红酒绿中请回家，从超工时的工厂和办公室里请回家。要他们尽一份应尽的天职，做一件非做不可的良心事。因为孩子需要他的爱、陪伴和支持。否则，他们将会在自己的人生中留下'失职的父亲'的罪恶！"

"如果找不回来呢？或者他没有父亲呢？"

"找一个能代替失职（或缺席）父亲的人，也许是老师，是一位爱心的义工或辅导员，给他关怀、支持和安全感。"

父母的爱对孩子的影响是不同的，是一样重要的。尽责的父亲更能给孩子安全感和自尊，这能使孩子自爱和自重。想想你作为一名父亲，尽到了应尽的责任、付出了更多爱吗？你是否经常忙于事业工作上的应酬，而无暇陪伴孩子？

你错过了许多孩子成长过程中令人难忘的具有纪念意义的瞬间，比如第一次说话、第一次走路等。

幼儿心理学家格塞尔曾指出："失去父爱是人类感情发展的一种缺陷和不平衡。"心理学家和社会学家所做的大量调查表明：没有父爱的家庭会严重影响孩子的身心健康，造成孩子性格、心理的缺陷。所以，让孩子感受到父亲的存在，体会到父亲对自己的爱，其意义在于使孩子有一种心理寄托，获得安全感，健康地成长。

心理学家和教育家都指出，在孩子成长中，父母因性别角色、社会分工、家庭分工的不同，应各自运用不同的教育方式担负起不同的教育任务。一般来说，母亲偏重于生活和情感，父亲偏重于精神和心理；母亲强调稳定，父亲强调创新发展；父亲传递给孩子的是坚强、勇敢、承受力强等阳刚之气，母亲传递着细腻、呵护、富有同情心等阴柔的一面。两者相辅相成，共同作用，才造就了孩子健全的心理素质。相反，如果过分地强化或弱化某一方面，都将影响孩子的心理成熟和性格完善。对于孩子而言，父亲既是教育者，又是纪律执行者、社会化指导者。在很多家庭中，父亲一般比母亲受教育程度高，接触社会广，在家庭的重大问题决策上，更具权威，如果父亲将孩子的健康成长时刻放在心上，就更利于把孩子培训成适应社会所需的性格特点。此外，父亲的严格要求，以及父亲对事业的执着态度，对孩子的一生，将有不可估量的影响。

有一位父亲，下班后常带儿子玩各种游戏，教孩子做一些简单的玩具，拆拆装装，耐心回答孩子提出的各种问题，或带孩子到户外捉蚂蚱、知了。孩子五岁时活泼可爱，口齿伶俐，遇事反应灵敏，喜欢自己动手做些小玩意儿。而另一位父亲，不关心孩子，下班回家后只顾自己看电视，或找人下棋、聊天、谈生意、炒股票，很少与孩子交往，似乎孩子并不存在。为此，夫妻俩常吵架、怄气。孩子在这样的环境中，形成懦弱、胆小、没有创造性、爱哭的个性。

美国教育家杜布森最信奉这样一句话："让一个男孩和一个合适的男人在一起，这个男孩永远不会走上邪路。"所以，他送给天下的父亲们这样一句话："没有哪个男人比蹲下去帮助孩子的时候站得高。"

总之，强化父爱在培养孩子的健全心理方面，在孩子健康成长的过程中至关重要。这一作用正是母爱所不能替代的。

当然，必须强调的一点是，强化父爱，并非就要削弱母爱，淡化母亲的职责。相反，父亲和母亲都应该发挥各自的性别优势。让孩子既从母亲那里得到爱抚，学会同情心，又在父亲那里养成坚毅的品格。这一切对孩子来说，是必不可少的。

做有远见卓识的好爸爸

心有多大，舞台就有多大。心中的梦想决定着人生的成就。志存高远，执着追求，是一切成功者的共同特征。如果想培养出一个优秀的男孩，就要让他们从小树立远大梦想。

放眼古今中外，无数杰出人士都具有远大的梦想。汉代司马迁一生著《史记》，"欲究天人之际，成一家之言"；鲁迅"横眉冷对千夫指，俯首甘为孺子牛"，用一支笔与同胞呐喊终生。

梦想有多大，人生的成就就有多大。家长在教育男孩的时候，要鼓励他们树立梦想，不要轻易打碎他们的梦想。

一位成功人士回忆他的经历时颇有感慨地说："小学六年级的时候，我考试得了全班第一名，出于奖励，老师送我一本世界地图，我真的特别高兴和兴奋，跑回家就开始认真地看这本世界地图。很不幸，那天轮到我为家人烧洗澡水。于是，我就一边烧水，一边在灶边看地图，看到一张埃及地图，想到埃及一定是一个令人向往的神秘世界。埃及有金字塔，有埃及艳后，有尼罗河，有法老王，还有很多令人着迷的东西，心想长大以后有机会我一定要去埃及，去体味一下那里的神奇和美妙。

"正当我看得入神的时候，爸爸突然进来怒气冲冲地跟我说：'你在干什么？'我猛地抬头一看，原来是爸爸，我理直气壮地说：'我在看地图！'爸爸很生气，说：'火都熄了，看什么地图！'我继续有恃无恐地大声说：

'我在看埃及的地图。'我父亲跑过来'啪啪'给了我两个耳光，然后愤怒地说：'赶快生火！看什么埃及地图。'打完后，还踢我屁股一脚，把我踢到火炉旁边去，用很严肃的表情跟我讲：'我向你保证！你这辈子都不可能到那么遥远的地方去！赶快生火吧！整天想入非非，你以为想怎么样就能怎么样呀？'

"我当时看着我爸爸，呆住了，心想：'他怎么给我这么奇怪的保证？真的吗？我这一生真的不可能去埃及吗？'他的保证一直萦绕在我的耳边，伴随着我成长。但是，我从来没有放弃过去埃及的梦想。20年后，我第一次出国就去了埃及，我的朋友都问我：'到埃及干什么？'那时候还没开放观光，出国是很难的。我说：'因为我的生命不要被保证。'于是，我自己跑到埃及旅行。

"有一天，我坐在金字塔前面的台阶上，寄了张明信片给我爸爸。我这样写道：'亲爱的爸爸，我现在在埃及的金字塔前面给你写信，记得小时候，你打我两个耳光，还踢我一脚，保证我不能到这么远的地方来，现在我就坐在这里——埃及金字塔前面给你写信。'写的时候感触颇深。我爸爸收到明信片时跟我妈妈说：'哦！这是哪一次打的，怎么那么有效？一脚踢到埃及去了。'"

作为男孩有自己的梦想是很难得的，我们做家长的在家庭教育中千万不要像上文中的父亲那样，扼杀孩子的梦。我们要做一个呵护孩子梦想的父母，在日常生活中要时时鼓励孩子树立远大的梦想，还要让他们知道要实现自己的理想，就应当注重行动，在行动中去实现自己的梦想。

男孩的成长需要爸爸陪伴

给自己一个定位：我的职业是父亲

生活中有很多种明星，娱乐明星、政治明星、体育明星、厨艺明星，当然也有爸爸行业的明星，蔡笑晚就是其中之一。

蔡笑晚是 6 个孩子的父亲，他培养出了 5 个博士 1 个硕士，他用一本书来总结自己的人生感悟——《我的事业是父亲》。人们称蔡笑晚为"博士之父"，这个头衔带给蔡笑晚的成就感不亚于"微软之父""电车之父"。不过，蔡笑晚年轻的时候从未料到自己能得到这样一个头衔。

年轻时的蔡笑晚想当一名科学家，但被迫从大学回到农村，这段经历对蔡笑晚来说异常沉重、无奈。当了爸爸之后，蔡笑晚特地改了个名，也就是我们今天看到的"笑晚"：既然不能在青春年少时开怀畅笑，就要让自己笑在最晚，对子女的期待在当时就是他唯一的安慰。

虽然生在最底层的家庭，但蔡笑晚很重视早期教育，在他的教育下，孩子们 4 岁就会四位数的算术，个个都喜欢学习，而且继承了父亲的志愿，想要成为科学家。

"做一个好父亲，我想光有志气和热血是不够的，身教重于言传，所以我这个父亲还是孩子的榜样。他们学习，我也在学习，学相对论、高等数学、中西医，后来我成了瑞安当地挺有名的医生……另外，我从来不打骂孩子，家里气氛很开心。只有 32 平方米的家里还装了一个舞厅用的旋转灯，办家庭舞会。我还和妻子自己设计旅游路线，带着孩子们走遍了关内关外、大江南北。"

自从做了父亲之后，蔡笑晚的人生都在围绕着孩子们转，他坦言如果当初实现了自己的理想，可能就没时间和精力来培养孩子了，这叫"塞翁失马，焉知非福"。如今，蔡笑晚当年的大学同学有的当了官，有的是大老板，但同学们聚会的时候都说最羡慕蔡笑晚。越是上了年纪，越是能明白父母的最大安慰是儿女。

一个人事业上再成功，如果没有一个完满的家庭，总会觉得有遗憾。子不教，父之过。一个没有被教育好的孩子，不仅是爸爸的痛楚，也会成为社会的"短板"。培养一个对社会有用的人才，也是父亲身上的责任。这份责任从小处来说，意味着家族的延续和体面；往大处说，它决定了中华民族的未来。

在日本，常常会听到"亲子"这个词。"亲子"是日语，翻译成中文就是父母与孩子。无论是在幼儿园还是社区，以"亲子"为中心的各种活动很常见。特别是运动会，一般的学校或幼儿园，都会设置一些让父母和孩子一起参加的项目。而父母也会积极地配合参加，他们普遍认为，这样既可以提高孩子参加体育运动的兴趣，也可以增进父母与孩子之间的感情交流。父亲在日本家庭中是一个权威者的形象，但日本父亲依然要参与到孩子的成长中，中国也有严父慈母的传统家庭观念，父亲的严格教育帮助孩子把握人生的大方向，避免走上歧路。但如今忙碌的生活和工作从孩子成长的世界里夺走了爸爸们，"留守儿童"与托儿所成为社会的热点词语，还有多少爸爸能像蔡笑晚一样，明白自己有一个终身职业是"父亲"呢？

出生于80年代前后的人，现在正是组建家庭的时期，这代人或多或少，还能从父母的身上找到一些60年代的影子：不善交流、没有耐心去聆听、忽视内心的感受、控制严厉等，而父亲的刻板形象，也根深蒂固地融入下一代父亲的教育中。今天，当爸爸再来养育孩子的时候，父母那一代人留给自己的影响固然不可能彻底避免，但我们可以有意识地纠正自己的教育方式，避免过往的时代伤痕再来伤害孩子，也避免父亲真正的教育功能一再缺失。

从教育的角度来说，无论父亲是否"恪尽职守"，孩子都对父爱有定性的需求，父爱的影响力体现在孩子成长的方方面面，从心理成长到身体成长，父亲是孩子生命中的一部分。虽然现代生活的快节奏一再地和孩子们抢夺父亲的空间，但当你选择成为父亲的时候，也要明白你其实选择了一个职业——父亲。

再忙也要抽时间陪孩子

"朝九晚六"是现在上班族的标准时刻表，这对于一个养家的父亲来说，意味着早上在孩子起床之前出门，晚上在他已经玩了一天、感到疲惫的时候回家。现代生活的节奏，已经让父亲错过了很多与孩子相处的时光，更不必说加班、堵车等支付的时间了。剩下的周末情况如何呢？

孩子终于盼来了周末，他希望这一次能够和爸爸妈妈一起度过，是去动物园还是去植物园，都听爸爸的安排。孩子的爸爸是一家公司的销售经理,在公司基层工作了几年,终于赢得了领导的肯定。现在是公司大胆用人的时候,如果业绩突出,他很有可能被继续器重。

这个周末,爸爸也打算陪一陪孩子,平时加班工作,一天中都难得见上一面。但是恰好周五有客户打电话约他一起去郊区钓鱼,这样绝好的交流机会,让爸爸左右为难。

后来爸爸想到,自己能为孩子做得最多的,就是给他一个好的生活环境,衣食无忧,最好还能有一笔可观的教育积蓄,保障他将来能上最好的学校、出国留学接受最好的教育。而陪孩子出去玩的事情,妈妈奶奶她们也可以带着一起去,父亲最后决定去见客户。

爸爸心理的这番斗争,不仅说服了自己,相信也说服了很多读者。的确,在现在社会里,努力工作存钱是最保守的法则。但是这样的选择是最优的吗,用经济学的话来说,这种选择的效益是最大的吗?

按照效益最大化的原则,我们首先要来认识爸爸做出取舍的主要动机。根据爸爸的推理过程,我们知道他最终都是为了孩子好,让他生活有保障,感到幸福。那孩子最需要的是什么呢?

孩子如果需要的仅仅是去了解植物、动物的机会,那谁带他去都可以,甚至找一个生物学家去是最合适的。但是对于孩子来说,他内心最需要的,其实是一种爱的感觉——和爸爸妈妈在一起,相互交流,在亲密的接触中感受到爱和温暖。这种被爱的感觉,是孩子日后乐观、自信、积极的动力,也能让孩子体会到安全感和归属感。成年人中,也常常会有人希望听到一遍又一遍“我爱你”的表白来确定一种稳定的关系,孩子的心里更是渴望他们刚刚意识到的爱的关系被行动证明。而爸爸的陪伴,就是最好的证明方式。这种证明的行为,非爸爸不能完成,非此时不能完成。

孩子对父母的情感需求是有一个规律的,从寸步不离到不胜其烦,有自己的变化。一旦父亲错过这个规律,希望将来再弥补,就没有现在这样自然而然而且效果最佳了。反倒是给孩子的物质生活条件,可以慢慢地积累,不像孩子的成长那样无法挽回。

都说忙是为了家人,等到了爸爸们也老去需要陪伴的时候,才会明白被人冷落的滋味。

> 孩子给爸爸打电话：爸爸，你什么时候回来陪我看电视？
>
> 爸爸说：好孩子，我现在在外面工作，没有时间。和你妈妈一起看电视吧。
>
> 30年后，爸爸给儿子打电话说：孩子，你什么时候回来陪我们吃顿饭吧。
>
> 儿子说：爸爸，我现在在外面工作，没有时间，您就和妈两人吃吧。

其实家人能够在一起的时间并不多，孩子上学读书之后，在家里待的时间只会越来越少。你现在不去陪陪他，他将来也没有时间来陪你。彼此的失望是相似的，家人之间的责任缺失也是相仿的。好孩子要慢慢养，不管怎样，都要从彼此相互关注和陪伴开始。

男孩和爸爸学说话学得更快

如果将处于学习语言期的儿童分成两组，一组和爸爸接触，一组和爸爸不接触，你会发现与爸爸接触较多的孩子在语言表达上更有优势。也就是说，爸爸会让孩子学会说一些完整的句子。

说话，看起来是迟早都会学会的事情，很多爸爸觉得不用太在意。但在说话的背后，其实是孩子的逻辑思考能力的成长。如果他善于言谈，思维敏捷，不仅是在说话上有优势，在做其他事情的时候也能有条不紊，具有较强的思辨能力。

但在孩子的生活中，往往是和妈妈对话较多，和爸爸的交流少一些。有的爸爸因为自身的性格原因，也不怎么和孩子说话，这对幼儿期的孩子来说，等于是一种资源浪费，也是一个损失。

一般来说，男性的理性思维比较浓，在一些重大问题上比较理智，看得长远，表现在说话方面就是语言逻辑缜密，有很强的递进关系。爸爸简简单单的几句话，对于孩子来说就是一个很好的学习范本，他们会跟着说同样逻辑的句子，慢慢提高自己的逻辑能力。

正因为如此，爸爸在孩子处于语言学习期的时候需要注意几个问题：

第一，让孩子保持一颗快乐好奇的心。

我们常常取笑"鹦鹉学舌"的人，因为他们没有思考，人云亦云。但是我们在教孩子的时候，也常在急迫的心境下让孩子去鹦鹉学舌。其实孩子根本不懂语言的含义，如果让他反复重复一些并不理解的声调，只会使孩子感到紧张和痛苦，失去对学语言的兴趣。所以爸爸和妈妈要配合，发现孩子对什么最感兴趣，多在孩子感兴趣的东西上对话。爸爸也要保持一个轻松愉快的表情和心境，不能把自己当成教官。

第二，对孩子分心表现出宽容态度。

年幼儿童在学习时分心是很常见的，关键是如何引导孩子，切忌硬逼或训斥。当孩子在学习中不合作的时候，爸爸最好的办法是什么也不说，自己继续，假装没有注意到孩子分心了。如果孩子完全不配合、发脾气，等等，爸爸可以离开房间几分钟后再继续。而在孩子调皮捣蛋的时候，爸爸收拾好全部东西结束学习则是下下策。

第三，对孩子说完整的句子。

"来，让我们坐车车。"这是很多妈妈、奶奶经常说的话，本来很少有父亲主动这样和孩子说话，但有时候随着妈妈，他们也说这些不完整的句子。这样其实对孩子的语言发展并没有好处。可能大人觉得叠词减低了孩子理解的难度，事实上孩子理解任何新词需要的能力是差不多的，"车车"和"汽车"对他来说是一样的。如果爸爸能表达准确，孩子也会跟着模仿这种正规的说话方式。

当然，爸爸说话是为了孩子学习语言，并不是做演讲。所以不要自顾自地说，也不要提太多问题。

第四，持之以恒。

爸爸要坚持长期和孩子对话，不能兴趣来了就说，没有兴趣了就不说了不管了。最好是在孩子精力最充沛、注意力较集中的时候，这样学习的效果就会好一些。

第五，记录孩子的进步。

长期看不到孩子的进步，会影响父母教孩子的积极性。为了避免这一点，建议爸爸也做一个有心人，记录他们用词汇的性质，是名词还是动词，是一个字还是两个字的词语，是短语还是句子。这样爸爸才能对孩子的进步和掌握的情况有一个整体的把握。

一般来说，具备较高语言智能的孩子，有一些特别的表现，比如喜欢听故事、儿歌；善于模仿他人的声音和语言；喜欢讲话，擅长口头表达，词汇很丰富；喜欢阅读，即使不认识字，也能独立翻阅图画书；擅长记忆名字、地点、日期和琐事，能很容易地完整复述故事；总是问有关词、声音或事物名称的问题，如"这是什么意思"；喜欢玩文字游戏，善于理解谜语、笑话；喜欢涂涂写写，等等。如果孩子在这些方面有很好的表现，爸爸应该多多鼓励孩子在语言方面继续发展，多和他对话，给他讲故事，或者帮他挑选一些适宜的图书。

与儿子成为好朋友

家长应采取易于为孩子接受的平等对话方式去理解孩子，相信孩子，做孩子的知心朋友，否则会拉远自己与孩子的距离甚至使孩子产生隔阂及逆反心理，不利于家庭教育的实施。家长的所作所为是无声的语言教养，良好的亲子沟通培养优秀的内在品质。

我国翻译学家傅雷先生堪称教育孩子的楷模，他特别注重与孩子的思想交流，教孩子仪表、修养、礼节及做人的道理，与孩子交朋友，孩子一直受到他的教诲和指导。他的优秀育儿方法是值得广大家长朋友学习的。

傅聪曾回忆说："我父亲留学法国，深受法国的人文主义影响，因此对我们子女也是民主式教育，在家里他不仅仅是父亲，还是我们的知心朋友。在艺术上表现得尤为突出。除了文学音乐，我父亲也很喜欢美术，记得家里有很多美术作品。长期受这种文化熏陶，我也很自然地喜欢美术音乐。我们经常交流对音乐绘画的看法，从父亲那里学到了很多，让我受益匪浅。我是 12 岁才开始学钢琴，学了两年又放了，直到 17 岁又开始学。这期间都是我的意愿，父亲没有非让我学钢琴或绘画。父亲总能像朋友一样，尊重我的兴趣和爱好。"

父母是孩子最好的老师，也可以做孩子最好的朋友。但是由于父母受传统观念的尊卑影响，很难跟自己的孩子交上朋友。事实上，只要父母放下自己的架子，与孩子多沟通，了解孩子的想法，真正走入孩子的世界，做孩子的知心朋友还是可以实现的。

要像傅雷那样做孩子的知心朋友，教育家给大家的建议是：

第一，不要总是盯着孩子的缺点。

　　从心理学上分析，孩子是心理和行为的不成熟个体，家长必须对他们加以正确的指导和培养，在这个过程中如果家长像朋友一样和孩子一起成长，效果会很好。但是，家庭教育中常见的问题是，父母对孩子寄予厚望，为了达到自己设定的目标，在孩子耳边不停地叮嘱、提醒。这种做法往往收效甚微，甚至适得其反，使孩子产生厌烦情绪，还容易挫伤他们的自信心和自尊心。有些家长眼睛总是盯着孩子的缺点，只讲缺点，不提进步。其实，绝大多数孩子已能分辨是非善恶，只是缺少改正缺点的自觉和毅力。如果父母总是喋喋不休地数落孩子的缺点，反反复复地教训孩子，他们会将此视为不信任，甚至产生逆反心理。这样一来，别说做知心朋友了，连正常的亲子关系也会被破坏。

　　第二，注意和孩子的情感交流。

　　注重与孩子的情感交流是与孩子成为知心朋友的前提，与孩子交流的时间最好选在吃饭时和睡觉前，因为这是孩子情绪最为平稳的时候。一个母亲，她从孩子很小时，就注意和孩子的情感交流。每天在孩子上床时都要问问他："今天过得开心吗？"孩子长大后，就形成了在睡前和父母沟通的习惯，有什么不顺心的事就像朋友一样告诉父母。有了这样的感情基础，孩子就容易接受父母的建议和忠告，很容易跟父母建立起朋友的关系。

好爸爸活力十足

　　伯尔的父亲是德国一个公司的小职员。他算不上成功的男士，事业平平，但却一直深刻地影响着两个儿子。

　　父亲非常喜欢历史，他总是在家里大声地谈论历史上一些有趣的事，给伯尔狭小的生活空间带来了色彩。父亲经常在孩子面前发表他的意见，甚至和兄弟俩探讨世界大战的问题。镇上如果有演讲，他总是带孩子们去听，而且大多是坐在最前面。由于母亲总是担心孩子出问题，做任何事情都谨小慎微，所以，父亲就和孩子们悄悄地商量他们的野营计划，避免母亲的担忧。第二天，当妈妈的唠叨被甩在了耳后时，伯尔和哥哥都高兴极了，觉得是在进行一件很保密、很刺激的事情，因此都非常配合父亲的行动。

　　父亲总是带着孩子们去很远的地方，他要求孩子们不带午餐，路上饿了自己想办法，而且还必须"孝敬"父亲一份食物。有时，他们在山上野炊，由伯尔和哥哥安排饮食。如果伯尔他们只找到一份食物，就给父亲吃了，父亲从来不和他们客气，他会吃得一点不剩。尽管如此，两个男孩仍然很快乐。

伯尔的父亲是一个精力充沛的男人，他兴趣广泛，这一点也传染给了孩子们。后来伯尔的哥哥成了一名探险队员，主要是探索自然界。而伯尔则来到了父亲曾经提到过的中国，研究中国的历史和文化。可以说，他们的选择都和父亲的教育密切相关。

读完伯尔的故事，父亲们可以反思一下自己与孩子的交流，现在停留在哪一层面：是天文地理无所不包，还是局限在批评和接受批评上？

当然，由于工作的原因，能够和孩子长期相处的父亲非常少，如果不能保证家庭的经济稳定，我们都认为这是父亲的失职。因此，父亲也常常以公务繁忙为由，推脱教育孩子的责任。这种逃避究竟是精力不济，还是缺少教育孩子的责任心？

身为父亲，在孩子面前做好榜样是分内之事，这其中就包括引导孩子热爱生活，对人生充满好奇和活力。充满活力并不是要求父亲天天与孩子们汗洒球场，而是要葆有一颗热爱生活、积极进取的心。就像伯尔的父亲这样，有广泛的爱好，有一颗年轻的心。这不仅能改变自己的生活，也能为孩子寻找兴趣点，建立父子之间的友谊。

但很不幸的是，我们常看到的都是"待在书房"的父亲，或者看书做学问让孩子觉得很神秘，或者埋头计算设计，忙得不可开交。或许是因为不知道怎样与孩子们交流，父亲总是尽量避免与孩子单独相处，父亲的这种羞怯有时显得可爱，但是长期不愿意主动与孩子接触交流的父亲，会耽误孩子的发展。如果孩子感受不到父亲身上的活力，他就不会主动邀请父亲参与到他的活动中，因为他会害怕被拒绝，这对亲子间的感情交流很不利，也让孩子在今后的生活中往往不懂得如何与人交往，如何表达自己的意愿，缺乏自信，在生活中处于不利的位置。

怎样让忙于上班的父亲们做到充满活力呢？

首先，父亲要有一颗好奇心，好奇心让人充满活力，也让生活变得丰富多彩。父亲不一定是百科全书式的，但是当遇到什么问题时，如果父亲不知道，大可以拿出来和孩子们讨论，让孩子感受到自己是被需要的。可是平凡的生活已经让很多人失去了心灵的敏感性，对很多事情司空见惯，习以为常。好在这种观念是可以改变的，只要用心发现，就可以找到很多孩子们感兴趣的事情来研究。

其次，有活力的父亲是随时接受新知、虚心学习的人。有的人认为，父亲回答"不知道"是有失颜面的事情，因此常常编造一些理由来回答孩子的问题，这样只会让孩子在某一天对父亲失望。本来世界上就不存在全知的人，父亲也没有必要变成万能博士。

最后，很重要一点就是要热爱运动。适当的运动不仅有助于孩子的骨骼发育，也非常有益于孩子的心灵发育。运动让人体验紧张激烈、痛苦和超越，是人生情感的演习所。运动不一定是打球，与孩子去野炊也是很好的选择，就像伯尔的父亲，带着孩子们去野外生存，培养孩子们的探险精神，将来才会成为一个不畏惧苦难的人。

坚强可以培养

有这样一种人，他们不论做什么都全力以赴，总是有着明确而必须达到的目标，在每次失败时，他们便笑容可掬地站起来，然后下更大的决心向前迈进。拥有这样坚毅品格的人，从不知道屈服，从不知道什么是"最后的失败"，在他们的词汇里面，也找不到"不能"和"不可能"几个字，任何困难、阻碍都不足以使他们跌倒，任何灾祸、不幸都不足以使他灰心。

坚毅品格的培养是人生中重要的一课。为了使孩子适应未来社会激烈的竞争和快节奏的生活，家长必须注意孩子意志力的培养。

一年冬天，在某个山区中学的教室里，严酷的天气使气温下降到零下十几度，狂风和暴雪让天气显得更加寒冷。整个教室里的人都在喊冷，读书的心思似乎已被冻住了，一屋的跺脚声。

鼻头红红的李老师挤进教室时，等待了许久的风席卷而入，墙壁上的《世界地图》一鼓一顿，开玩笑似的卷向空中，又一个跟头栽了下来。

往日很温和的李老师一反常态，满脸的严肃庄重甚至冷酷，一如室外的天气。

乱哄哄的教室静了下来，学生们惊异地望着李老师。

"请同学们放好书本，我们到操场上去。"

几十双眼睛在问。

"因为我们要在操场上立正5分钟。"

即使李老师下了"不上这堂课，永远别上我的课"的恐吓之词，还是有几个娇滴滴的女生和几个很壮的男生没有走出教室。

操场在学校的东北角，北边是空旷的菜园，再往北是一口水塘。

那天，操场、菜园和水塘被雪连成了一个整体。

矮了许多的篮球架被雪团打得"啪啪"作响，卷地而起的雪粒雪团呛得人睁不开眼张不开口。脸上像有无数把细窄的刀在拉在划，厚实的衣服像铁块冰块，脚像是踩在带冰碴的水里。

同学们挤在教室的屋檐下，不肯迈向操场半步。

老师没有说什么，面对学生们站定，脱下羽绒服，线衣脱到一半，风雪帮他完成了另一半。"到操场上去，站好。"李老师脸色苍白，一字一顿地对学生们说。

学生们老老实实地到操场上排好了三列纵队。瘦削的李老师只穿了一件白衬衫，更显单薄。

学生们规规矩矩地立着。

5分钟过去了，李老师平静地说："解散。"

回到教室，李老师说："在教室时，我们都以为自己敌不过那场风雪。事实上，叫你们站半个小时，你们也顶得住，叫你们只穿一件衬衫，你们也顶得住。这就是人身上潜在的毅力。人生中会有很多突如其来的事情发生，我们要有一种应对困难的勇气，要有坚强的意志和信心来战胜生活中的各种苦难。"

事实上李老师这样锻炼孩子坚韧品性的行为，我们做家长的也可效仿。禀性坚韧，是成大事立大业者的特征。那些获得巨大的成就的人，也许没有其他卓越品质的辅助，但肯定少不了坚韧的特性。使从事苦力者不厌恶劳动，使终日劳碌者不觉疲倦，使生活困难者不感到志气沮丧，原因都在于这些坚韧的品质。

　　培养孩子坚毅的品格的时候，要充分发挥父亲的影响力。因为父亲在生活中一直都是伟岸的象征，父亲是每一个家庭的顶梁柱。这些形象在孩子幼小的心中已经扎根。因此，父亲不单单要带领孩子认识到生活的艰辛，还要培养孩子应对生活困难的毅力。

好爸爸不该做的事

高压独裁的"一言堂"

　　"独裁爸爸"并不是一个新鲜词，虽然我们看到了像漫画家朱德庸、作家周德东那样的"民主爸爸"，但他们毕竟是少数，绝大多数父亲还是在想着怎样把控好自己的家庭，怎样维护自己的尊严和权威，似乎一个男人在家里不能发号施令便是一种耻辱一样。在这种独裁作风下，是否真的建立了父亲的权威呢？一个在"独裁爸爸"膝下长大的优秀男孩的回答是：不能。

　　小时候，我成绩优异，一直担任班干部；初中时我征文屡屡得奖，然后我考上了最好的高中，接着考上了不错的大学，年年拿奖学金，做了团支书，入了党……我妈说我让爸爸很有面子，但爸爸似乎从来不真正关心我。

　　我从小被要求要出类拔萃、做这做那，一直到现在。我不想让父母失望，也从没让他们失望过。但我感觉自己就像一棵果树，被浇了养料，然后被期望着结出累累硕果，果实被摘下后换成了金钱。他投资，我产出。过程中是他不断的要求，而不是一个爸爸对儿子的爱。

　　我现在交的女友，不是那种有钱有势人家的女儿，也没有特别好的容貌，但我们真心喜欢对方。可我爸爸却说，如果我们在一起就断绝父子关系……

从我记事以来，爸爸从来没有去学校接过我，记得有一天下很大的雨，很多人都是父母接回来的，我给爸爸打个电话，本来是想说我等雨小点了再回来的，但我还没有开口，他就说自己是不会来接我的。那一次我自己淋雨回到了家里，哭了很久。

读完这个男孩的故事，也许你会觉得这并不能说明爸爸不爱他，只是不懂得表达爱，但我们都能感受到男孩子内心的凄凉和怨恨。可能很多父亲一直在要求孩子要做这做那，一心想着为孩子好，但从来没有想过孩子的感受。

"他投资，我产出"，父亲和儿子之间竟然就是这么简单的投资关系，父亲的权威、尊严、魅力等，也就无从说起了。

其实大多数高压独裁的家庭里，培养出来的孩子都有心理障碍。让孩子走父亲决定的路，还需要看一看孩子是否能承受这份压力。如果父亲给孩子的压力过大，可能会引发孩子的心理问题。

张亮亮的父亲是一名军人，也是研究生，39岁读了博士，后来是一家医院的医生，同时也是博导，是家庭里面的榜样。他对自己的优秀直言不讳，毫不客气地对儿子张亮亮说："你这辈子永远不可能达到我的高度，超过我。"

张亮亮的母亲对张亮亮打小就十分呵护，据说张亮亮小时候吃饭的碗都是高温消毒的。母亲很重视对他的教育，但和很多家长一样，希望他自立的同时很多事情又替他代理，以至于没有让他经过什么磨炼。

优秀的父母自然让他产生压力，张亮亮说："父亲不给我压力，但是看不起我，不认可我做的事。母亲很关爱我，通过关爱的方式给我压力，一会儿希望我申请耶鲁、哈佛，一会儿又说申请到哪个学校也没关系，这对我是莫大的折磨。每次都是这样，我总是希望母亲打电话只询问生活上的情况就好，因为出国的事情她不懂，给她解释她也不一定明白，还会大声跟我说话。"

在父母的压力之下，张亮亮在各方面也力求上进，上研究生后，一年半内，张亮亮拿到了托福、雅思，以及高级口译、北美精算师四个证书。一年看了 17 本很厚的专业原版课程，还竟选了系里的宣传部部长。他还担任了复旦日月光华三个版面的版主，并申请了 30 多所国外大学，专业方向也不尽相同。

但是他压力很大。不断地自我苛求之下，张亮亮在宿舍饲养宠物，并在饲养过程中将一些宠物猫误伤致残后丢弃，产生了之后的"虐猫事件"。复旦大学给张亮亮严重警告处分，同时劝他休学一年，接受学校专门安排的心理辅导。

一个处处看起来都很优秀的复旦才子，私下却是一个内心忧郁几近残暴的人，他对猫的虐待其实不过是在发泄自己心中的愤怒，这愤怒正来自家庭的压力，来自爸爸那句伤人的话——"你永远也不可能超过我"。

只会用金钱爱孩子

每逢暑假，很多孩子都会回到爷爷奶奶家住几天，一则给老人的生活增添一些快乐，一则也给年轻的父母们放放假。但孩子回老家对老人来说不亚于一场"接驾"，孩子身上很多平时隐藏的问题这时候也都露出了尾巴。相信很多人对下面这位父亲的故事一定不陌生：

"王鑫在家一直很乖，我和爱人对他很满意，也总是处处让他生活得无忧无虑的。暑假到了，王鑫到奶奶家住了一周，马上开始难以伺候了。

奶奶做鱼给他吃，他不肯吃，说要吃海鱼；买回鳊鱼来，他还是不愿意吃，说那个也不是海鱼；带他出去吃热干面，上面有葱不吃，沾了酱也不吃；做西红柿鸡蛋汤吃，他嫌里面没有肉。奶奶生气地说，要把他送回来，他又说要过完暑假再回去。

一个暑假下来，奶奶都瘦了一圈。我接孩子的时候看到老母亲受苦，才意识到自己平时教育孩子出现了问题。

平时王鑫只要想吃什么，一说妈妈马上就去买了做。想看最新的电影首映，不论多贵一定会看到。他的玩具也总是紧跟潮流，图书漫画更是常换常新。和其他孩子比起来，王鑫知道的东西的确要多一些，但是他明显没有别的孩子'懂事'，只要是自己想要的东西，一定会想办法弄到手，否则就不依不饶的，让别人拿他没办法。"

　　不懂得照顾别人，崇拜名牌和时尚是现代独生子女的通病。他们以自我为中心，在今后的人际交往中会受到很多打击：首先是发现自己不再是主角了，会失落；其次是因为自己的自我中心，会招来别人的厌恶。爸爸们用金钱来满足孩子，结果宠出来这样的刁蛮少爷。所以父亲最好能够在孩子还小的时候就让他知道，自己不是世界的中心，自己想要的东西也需要经过劳动或者等待才能获得。

　　我们常常对孩子说："吃得苦中苦，方为人上人。"但很多人在落实到行动的时候，又免不了会给孩子打折，真正"非宠主义"的父母还是很少。爸爸能够给孩子的最好礼物，不是限量版的耐克或高级玩具车，而是一个在保护中让他前进、尝试的环境。用金钱来奖励，其实是扼杀了孩子的尝试机会，让一切想要的东西都变得简单、唾手可得。他们就失去了支配自己的生活、教育自己、锻炼自己的能力和意识。

　　"我自己上学去。""不行，路上不安全我还是送你吧。""我自己选衣服。""不行，爸爸帮你选最好最贵的。"……其实有很多次都是孩子在主动要求锻炼，却被爸爸挡了回去。很少有爸爸能一边保护着孩子，一边又让他自己去尝试。

　　很多爸爸努力挣钱养家，但忽略了很根本的一点——孩子的成长不仅需要物质上的保证，还需要很多的心灵体验——酸甜苦辣、悲欢荣辱，这些才是培养一颗健康的心灵必备的营养，而金钱带来的快乐仅仅是其中的一种。

　　2009年盛夏的成都，26辆法拉利、玛莎拉蒂等豪华跑车因车主涉嫌超速行驶，在成南高速被警方拦下，被网友称为"华丽丽"的照片传遍网络；第二天，备受争议的26辆豪华跑车再次出现在成灌高速，仅用13分钟就跑完了45公里的路程，平均时速210公里。据报道，这些跑车来自中国的五湖四海，车主们是清一色的"富二代"。

　　另有新闻报道：重庆江北茂业百货里，一个家境富裕的高干子弟持双刀杀死了自己穷追无果的一个女大学生。南方沿海，19岁的女孩小肖牙龈被撕裂，整排牙齿松动，右下颌骨骨折，也只因为拒绝了一个"富二代"王某。

上述这些"富二代"的作为，已经成为新时代纨绔子弟的代表。毫无疑问，那些富二代的生活中并不缺少金钱，但是很明显，他们的生活中缺少严厉的管教。

财富可以带来个人的成就感和事业，但是在教育面前，财富也无能为力，甚至会帮倒忙，会让孩子的劣行更大程度地"施展"，祸患社会。

没钱的爸爸不一定就失败，有钱的爸爸不一定就成功。甚至，有钱也未必能成为教育上的优势。爸爸要当好，与其让孩子衣食无忧，不如让他们懂得为人处世的最基本的道理。而令人担忧的是，这些道理，很多富爸爸们却以为有钱就可以熏陶出来。

在家庭教育上，没有贫富之分，只有方法好坏之别。不会爱的爸爸，上亿家产可能把孩子压出心病；会爱的爸爸，兜里只有一元钱，也能给孩子换来一次开心、满足的欢笑。

教育不是拿学费这么简单的事情，如果爸爸把给孩子提供物质条件当成自己在教育孩子的过程中需要扮演的角色，那孩子不仅很难对父亲怀一颗感恩之心，相反，会忽略掉别人为自己做的事情，走向一个唯我独尊的"漩涡"里。用金钱爱孩子，要有多少的金钱才能体现出父亲的爱呢？这个问题没有答案，因为金钱是无法代替父爱的。

在孩子面前相互否定

很多父母都想尽心尽力地教好孩子，但是如果夫妻之间教育孩子的态度并不统一，或者双方的配合不到位，这就会很影响教育效果。

宁宁发现妈妈总是对爸爸不满意，经常听到妈妈的抱怨声，为什么呢？因为爸爸工作忙，总是照顾不到家里，妈妈一个人忙里忙外，爸爸无法帮助她。这一天，宁宁的妈妈又开始唠叨了："唉，看看你这个爸爸呀，整天到晚不回家，屋里屋外全都是我一个人忙来忙去！"宁宁听到这样的话，就很懂事地说："妈妈，我来帮你做。"而妈妈却说："你还在念书，你现在的任务，只要把书读好就行，其他的杂事都不要你来操心。"宁宁听话地点点头，就进屋学习去了，以后也就再也不帮妈妈做家事了。

曾经有一位教育专家提到这样的故事，打趣地说："这个妈妈整天在抱怨先生，却从来不让自己的儿子树立做家事的概念，恐怕往后还会有一个女人像她一样受罪。"

妈妈在孩子面前抱怨爸爸，这样的做法弊端相当大，抱怨不仅不能解决任何问题，而且还不利于在孩子面前帮爸爸树立威严。相反，下面这个家庭的做法则很值得提倡。

玲玲的爸爸经常在妈妈不在家的时候对玲玲说："孩子，你妈妈为了你很不容易啊。你出生之前一直在妈妈肚子里十个月，这十个月妈妈很辛苦啊。后来妈妈为了照顾你，不得不把原本很好的工作辞掉了。每一次你生病的时候，妈妈晚上总是睡不好……"玲玲瞪大了眼睛，这些事情如果不是爸爸跟她讲，她是不会知道的。

这一家每天晚上总是一起共进晚餐。有一次爸爸下班回家有点晚，玲玲饿了很想先吃饭，妈妈对她说："我们一起等爸爸回来吃饭好不好？爸爸每天在外面工作一整天很辛苦，如果没有爸爸的辛勤，我们就不会有这样安稳的生活了，家里优越的物质条件，都是爸爸给我们创造的。"小女孩一听，就坚持要等爸爸回家一起吃饭。

父母双方先配合好，才会让孩子感受到家里浓浓的亲情，令孩子更爱自己的爸爸妈妈。这就很需要夫妻的双方配合。"儿子呀，爸爸天天在外赚钱很辛苦，所以你今后要好好孝顺你爸爸"这样的话，一般来说爸爸是不好意思对儿子说出口的。但如果能通过妈妈的话说出来，孩子既能感受到爸爸为家庭的牺牲，也能感受到一家人相互之间的欣赏和肯定。所以通过父母双方的配合，这个问题才能很顺利地解决。如果父母之间没有配合好，那就算是用更多的心思来教育孩子，效果也不会太理想。

同样的道理，不仅父母双方之间要如此配合，而且家长和老师之间也要如此的配合，做家长的千万不能在孩子面前说老师的坏话。

咄咄逼人的"强势爸爸"

到了当家长的阶段，最头疼的莫过于对男孩的教育不知道该怎么办。有些教育专家会在研究的过程中发现这样的问题：一些从事教师、军人、法官、警察等职业的父母，他们的男孩更容易在交流上发生障碍，这是为什么呢？

这一类的家长被称为"强势家长"，他们的社会地位相对较高，对社会的责任感也比较强烈，在工作中更是一丝不苟，所以在教育男孩的过程中也流露出了明显的职业色彩，明显的表现为"眼睛里容不下一粒沙子"，一旦发现了男孩的小失误和小问题，就比较容易把问题严重化、扩大化。

还有一类家长是属于"吹毛求疵"的类型，他们习惯于严厉地要求男孩，不容男孩犯一点错误。这样的家长所教育出来的男孩有两种典型的表现：一种就是绝对服从型，男孩会表现的胆小怕事，丧失了独立生活的能力，没有一丝主见，甚至连穿什么衣服，买什么样的早点吃都没有主意。另一种就是直面对抗型的，这样的男孩会表现出强烈的逆反行为，会产生明显的对立行为，甚至会离家出走，或是流连于网吧。有一位警察的儿子曾经很坦诚地跟老师讲："我爸对我严厉的时候，总是用那种盯着犯罪分子的眼神，我能不痛苦吗？"

由于家长在教育男孩的时候表现出了明显的强势，那种很强烈的表达方式往往流露出了对男孩的不尊敬，与男孩的敏感心理产生了冲突。作为家长，长期以来习惯把职业心态带回家，以不平等的姿态与孩子交谈，更没有体会到男孩的内心感受，而是让孩子毫无反抗地服从命令指挥。这种做法会为家庭的教育布下重重障碍。

作为父亲，强势的方式、强势的力度、强势的状态都会给男孩造成很大的影响。父亲和男孩之间犹如一对齿轮，一方强则一方弱，通常会造成以下三种结果：

第一种是男孩比父亲更强的"超越式"。这一种情况出现的原因是男孩希望像父母一样出色，于是就很争强好胜，有时会比父亲更加优秀，即"老子英雄儿好汉"。在国外著名的例子有老布什和小布什，在国内著名的例子有姚明，他的父母都是很优秀的篮球运动员，姚明之所以能成为世界级明星，一方面也来自想超越父母的挑战心理。

第二种就是过于倚靠父亲保护的"依赖式"。家长太强了，或者是过于保护以至制约了男孩的个性发展，这样的家长带来的孩子要么性格比较懦弱，要么依赖性很强，属于对父亲的绝对服从型。很多强势的父亲，他们的男孩都很弱势，表现出腼腆、胆小、不自信等。古语所说的"富不及三代""寒门出孝子，白屋出公卿"都有这样的因素在里面。

第三种就是男孩通过自己而走出成就的"奋发式"。家长不是很强势，甚至是弱势，但是他们的男孩却很有责任感。比如媒体报道的道德人物：背着母亲上学的当代孝子张尚昀、带着妹妹上大学的洪战辉、航天英雄费俊龙、奥运冠军刘翔等人，都是典型的例子。他们都是出生在普通的人家，从小没有受过娇生惯养，却活出了自己的精彩。

作为家长，在教育男孩的过程中最好不要过于强势，这样才会给男孩留有足够的发展空间。家长应该以一种宽容的心态来审视男孩在成长过程中暴露出来的各种问题，自己主动放下架子，和男孩交朋友，这样家庭的民主氛围就会增强，男孩也不会抵触和父母进行交流，许多问题都可以迎刃而解。

一位各方面很不错的高一男孩，在他16岁的时候认真地与同班一位女孩相恋了，男孩的父亲与他进行了一次属于两个男人间的谈话。

父：儿子，你是不是觉得她是最好的女孩？

子：我觉得我认识的女孩里她最可爱。

父：爸爸相信你的眼光。但是，你才上高一，你认识的女孩有多少？

子：我心里只有她。

父：你说你要上大学，将来还要出国深造，想成为一名律师或金融家。你知道你将来会遇上多少好女孩吗？爸爸并不反对你现在谈女朋友，但是，爸爸最反感的是见异思迁。这个女孩是你到目前为止认识的最好的女孩，可是，你将来会有更多的机会，到那时你该怎么办？你会不会后悔？

子：可是，现在让我离开她，我很痛苦。

父：你初三时买的"随身听"呢？

子：前两天，您给我买了个高级的，我觉得音质比原来那个好，就把它送人了。

父：这就叫一山更比一山高。如果你能把握好每一个属于你的机会，你以后的成就只能比今天大，你面对的世界只会比今天更广阔，到时候你的选择只会比今天更好，更适合你。如果你现在与这个女孩真有那份情缘，到时候再让它开花结果更好。儿子，一个人一生不可能不做些让自己后悔的事，但是，人生大事只有几件，后悔了，就会遗憾终生。

子：爸爸，我懂了……

从此以后，男孩把对女孩的特殊感情深埋心底，生命的乐章却弹奏得更欢快了。他明白，即使爱的种子发芽了，也还没有长成参天大树，更不可能结出甜美的果实。而在这之前，自己只能做一个默默耕耘的农夫，等待庄稼的成熟。

例子中的父亲面对男孩的早恋，不是用命令的口气让男孩放弃，而是选择理解男孩的需求，帮助他们树立正确的爱情观和认识爱的真谛，并以平等的态度与他们交流自己对人生、爱情、学业的看法。

你想让男孩做什么，不想让男孩做什么，可以把自己和男孩放在平等的地位上，像朋友一样，一起商量，分析利弊，最后让男孩自己拿主意，这样男孩不仅不会反抗，也感觉不到被命令的屈从，反而会在商量的气氛中感觉自己在长大，有了自己的主见。这时大部分男孩会愉快地采纳父亲的建议。

在教育男孩的过程中不能一味使用命令的语气而忽视与男孩的沟通，很多人会问，如何跟男孩进行成功的沟通呢？教育专家给我们的建议如下：

第一，成功的家庭沟通，应该注意以下因素：理解、关怀、接纳、依赖和尊重。理解要求父母与男孩双方能够设身处地地为他人着想；关怀不但存在于内心，更要切实付诸行动；接纳要求考虑到每个人的个性，懂得欣赏他们身上的优点；依赖是要做到既信任别人也信任自己；而尊重是指尊重他人特别是男孩的权利，尊重他们的意见和选择。

第二，要建立一种积极健康的家庭沟通交流关系，应该改变父母是决策人、男孩是接受者这样僵化的家庭角色的分配。父亲在家庭教育中应该懂得进行角色交换，每一个家庭成员都可以对他表述的愿望予以积极的辩解。当男孩能够参与讨论家里的通常是成年人的问题时，他们方能更好地理解父母，而父亲一方面可以调动男孩的主动性，使自己清楚地认识男孩的才干，另一方面可以得到有关自己教育的反馈信息。

综上所述，父亲与男孩通过沟通，最后让男孩明白的是"理解、信任、承诺、准时"等观念的重要。通过沟通，最容易让男孩站在他人的立场上思考，也最容易让男孩养成理解他人的习惯。只有这样，男孩才有可能成为一个全面发展的优秀人才。

让孩子看到虚伪的一面

生活中常常会遇到这样的情景：周末在家赋闲，突然传来电话声。爸爸交代儿子："你去听电话，要是叔叔找爸爸，就说我不在。"于是儿子对着电话说："爸爸说他不在家。"弄得大人哭笑不得。

相信很多爸爸都有类似的经历，孩子童言无忌，让你不得不出面"遮丑"。这些小事情过去了就过去了，有时候拿出来当成笑话大家说一说，但这样的事情对孩子的影响其实是非常不好的。爸爸们可能没有注意到这样的行为背后会带给孩子怎样的暗示：爸爸明明在家，为什么要让我说他不在家？我说了他不在家，为什么他又出来接电话解释自己刚才没有听到？这些疑惑会让孩子的是非观混乱，而且，也给孩子留下了爸爸说谎的印象。很多孩子现在宁愿和网友交流也不愿意和爸爸多说一句，其实就有可能因为之前被爸爸欺骗过，就像下面的这个小孩一样：

我的父母离异很久了，我从来没有怪过他们。爸爸很少来看我，偶尔来一次我都会觉得很幸福。我跟爸爸会说心里话，有一些秘密也会跟他说。因为觉得即使这个世界上没有朋友，没有可以信任的任何人，但父母都是唯一的，绝对不会背叛自己的人。

但是今天知道，他把我的很多事情都说给别人听了，然后那人打电话来问我妈妈。我不懂他为什么要跟一个外人说，而且那个外人还是会到处宣扬的那种人。我跟他说的时候，他还答应我不会告诉别人，是父子的秘密。

每个人都有无法诉说的秘密吧，这样的事也许别人无法体会，但对自己而言是重要的。选择跟自己亲人诉说，是为了给自己一份安心的信任感。结果，却是这样。如果有一天，有更多人拿我重要的秘密来嘲笑我，我该怎么办。为什么这个世界没有可以信任的人。我只是，想要纯粹的相信着自己血脉相连的亲人，这样错了吗？如果亲情都不能相信，还有什么是真实？

父亲的失信让孩子非常痛苦，甚至不愿意再去相信任何人，生活都蒙上了一层灰色。于是，孩子们都认为与其给爸爸讲心里话，不如讲给网友听，因为网友是最安全的。这也可以解释，为什么孩子天天泡在网吧不回家，因为家里没有网吧温暖和值得信赖。

至亲的父亲甚至比不上陌生的网友，孩子宁愿在外面玩游戏，也不愿意回家和父亲待在一起，这已经不是新闻了，很多人责怪学校和社会的风气不好，有几位父亲意识到自己也有责任呢？言而有信并不是我们要求别人的一个标准，也应该用来衡量我们自己。

战国时，秦孝公起用商鞅变法图强。为了让人们相信他变法是真的，商鞅想了一个办法：他在都城南门竖起一根三丈高的木头，要是谁能把它扛到北门去，就赏金十两。但是没有人相信这是真的，自然也就没有人去扛。商鞅把赏金一直追加到五十两，终于有一天，一个壮汉把木头扛到了北门，商鞅当场赏了他五十两黄金。老百姓纷纷议论：商鞅言而有信，他的命令一定要执行。于是，商鞅变法成功，奠定了秦国富强的基础。

很多时候，我们随口做出不能兑现的承诺，暴露孩子的秘密，或者拿孩子的成绩去炫耀，从根本上说是因为我们无法克服人性的一种弱点——虚伪。因为虚伪，我们习惯说一些场面话，而忽略了孩子可能把这些话当真；因为虚荣，我们习惯在朋友和同事面前强调自己对孩子的教育、和孩子的关系等；因为虚荣，我们希望孩子十全十美，弥补我们此生的不足；因为虚荣，我们不愿意向年轻人和小孩道歉……虚荣有时候会让一个理性的人失去判断，让父亲忘记从孩子的角度去思考问题。

商鞅徙木而治民，教育也需要克服虚浮之心，诚诚恳恳地用言行来影响。家庭是孩子最初的世界，值得信赖的家人使孩子愿意听取爸爸的建议，也相信他人，热爱生活。爸爸就是让孩子明白赢得信任和珍惜信任的第一任老师。

信任是相互的，只有父亲充分相信男孩，男孩才会相信父亲，真正相互平等有效地沟通也才会开始。如果父亲对孩子不信任，总是不让孩子按照自己的意愿来生活，不仅不利于孩子的健康成长，更会加剧两代人之间的不理解，消解爱的力量。

为了避免失信于男孩，父亲在生活中一定要言行一致，尤其是与男孩有关的事情，不要轻易允诺，也不要敷衍表态；另外，父亲尽量不在孩子面前说谎，就像这种"就说我不在"的谎话，当着孩子的面欺骗朋友，孩子也会怀疑父母是否会同样欺骗自己。

不打不骂的"冷暴力"

爱孩子是父母的本能，但爱不能只藏在心里，或者只存在于父母亲的主观认知中。相反，对孩子来说爱是实际的，既要能感觉得到，还要能摸得到。

所以，父母对孩子的每一次拥抱、每一次抚摸、每一次亲吻，都能拉近彼此间的距离。对孩子来说，父母的爱就如同孕育地球上所有生命的太阳和水那样重要，所以，让孩子时时感受到父母的爱非常重要。

在这个世界上，作为父母，能够给予孩子最有价值的礼物就是"爱"——慷慨和无条件的爱。我们应尽可能多地让孩子感受到我们爱他。无论孩子犯了怎样严重的错误，父母都要对孩子有一颗宽容的心。

当孩子犯错误的时候，家长很可能会用很冷漠的眼光来暗示孩子，或者对孩子不理不睬，这样的一种"冷暴力"很容易使亲子间的感情联系割断，并极有可能使我们失去教育孩子的大好机会，导致孩子对父母的爱麻木。

有很多父母特别宠爱孩子，他们一辈子甘愿为儿女付出，从孩子上幼儿园、上小学、上中学、上大学，到找工作、结婚、生孩子，父母无时不在操心，"为孩子把心都操碎了"，是许多家长都有的感受。然而许多孩子却体会不到这些，他们喜爱和崇拜的人是歌星、影星或政界商界的巨头，唯独没有父母。在一些调查中，孩子们对于为他们"操碎了心"的父母，不但不领情，还有颇多抱怨，惹得很多家长感叹"好心没好报"。我们总是以为当我们为孩子付出了很多之后就可以换来什么，但是孩子最需要的恰恰是父母的一句关爱和一份微笑。即便他们的表现再不好，他们也极不愿意看到父母那种很失望的表情，更不愿意从中读到父母"恨铁不成钢"的信息。冷冰冰的态度是最让孩子感到害怕的。

这些现象似乎在提醒家长，在家庭教育中存在着一些误区。比如在爱孩子的问题上，许多家长多是出于本能的爱，却不重视爱的表达方式，不会爱，因而使孩子体会不到父母的爱。

一位很伤心的妈妈向教育专家哭诉：得知孩子两门功课只得了 188 分时，这位妈妈难过得直流泪。一边的女儿看着妈妈流泪却感到十分困惑，她不能理解妈妈为什么如此痛苦。此时，这位妈妈就是忽略了孩子的感受。妈妈的价值标准是要得双百，孩子没有满足她的需求，她就感到伤心。如果换个位置看看孩子，孩子努力了，她得了 188 分，她感到高兴。而妈妈却只关注自己的感受，而忽略了孩子的感受。家长的行为与孩子的体验相反，孩子幼小的心灵就会产生疑问：这就是妈妈对我的爱吗？一而再再而三，孩子就会形成一种理念，认为这就是爱。现在社会上很多人反映大学生冷漠，不懂得爱，很大程度上是因为他们缺乏爱的体验。只有学会施爱，让孩子体会到爱，并学会去爱别人的父母，才能成为一个合格的父母。

总有一些父母，宁可自己省吃俭用，也要让孩子在物质上应有尽有，但在精神上却经常忽略孩子的需求，对孩子的情感和人格缺乏应有的尊重，这样也很难让孩子体会到父母无私的爱。我们的父母应该尽可能多地和孩子在一起。每个孩子都需要从父母那里得到足够的重视。在每天工作之余，父母要腾出一些时间参加孩子的游戏，和孩子一起读书，为孩子提供接触到各种东西的机会。学会倾听孩子的心声。有经验的父母指出，通过听孩子说话来了解他们的感受，是非常有价值的一种方式。与孩子谈话，也为父母提供了一次了解和教导孩子的机会。

第三章 ▷

母亲影响男孩的一生
——好妈妈的教子分寸

做母亲更需要 "岗前培训"

母亲的素质决定孩子的素质

有这样一个说法：上帝之所以先造出男人，并不是因为男人比女人优越，而是因为男人比女人容易造。上帝先试着造出男人，成功以后才去造女人。当上帝把女人造出来以后，上帝创造人的任务也就完成了：它把这个任务交给了女人。这样看来，母亲的工作正是上帝的工作。

孩子是从母亲体内孕育的新生命，因而母亲的身体素质决定了孩子的健康基础。最新的科学统计表明，母亲的智商对孩子的智力有更为明显的遗传优势。母亲创造人类，这是对上帝的工作的延续，也是人类得以不断进步、充满希望的基础。

上帝选择女人来完成他的工作，不仅是因为女人能够繁衍子孙，更因为女性的特质，即善良、勤劳、温柔的亲和力，填充了孩子在父亲影响下形成的思维世界，让他的精神在正义、勇敢等的筋骨下，充满情感的血肉。就像上帝不仅仅创造出人类，还给人类以信仰和力量一样，母亲也不仅仅是生养了孩子，还是孩子精神的避风港，她可以在孩子遇到挫折、失去信心的时候，给孩子鼓励和安慰，让他重新鼓起生活的勇气，勇往直前。

母亲的素质对孩子的方方面面起着影响：

第一，有修养的母亲养育有修养的孩子。

所谓 "修养"，处处体现在日常生活当中，与人相处或是独自一人时，所思所言都是修养的体现。母亲与孩子朝夕相处，因而孩子身上大多数的修养，还是从母亲那里点点滴滴培养而成的。母亲尊老爱幼，孩子自然就会上行下效；母亲节俭有度，孩子自然就会拒绝奢华；母亲彬彬有礼，孩子自然就会谦虚不傲……

著名华人指挥家汤沐海的母亲蓝为洁女士，就特别重视孩子的修养，她自己是一个电影剪辑师，在她的剪刀下，产生了一部部优秀的电影作品，对艺术的理解，也让她常常直言不讳地与儿子交流。在她的养育之下汤沐海成为世界级的指挥家，小儿子也是有名的画家。汤沐海的高雅修养和高尚品质，很大程度上来源于母亲的影响。

第二，善良温柔的母亲让孩子懂得为他人着想。

精神的冷漠是可怕的，很多感情木讷的人，在童年时代往往缺少母亲善良温柔的感染，这样的人往往性格粗暴、对人没有耐心。"悲天悯人"的情怀虽然可以由后天的修养与教育形成，但是它仍然是来源于孩子母亲的善良根基。

比尔·盖茨曾经说，自己在母亲那里得到的是"虔诚和善良"，在全球拥有超过 44 万雇员的比尔·盖茨退休以后，专门投身慈善事业，他不仅是连续 13 年蝉联世界首富的商业巨人，也是长期大力支持慈善活动的社会活动家。从他对全世界贫困地区的大量捐款上，我们可以看到他善良母亲的印记。

第三，耐心细致的母亲教会孩子做事。

再粗心大意的女孩儿，一旦变成母亲，就会变得坚强和细致，这也许就是常言说到的母性。每一个孩子都有自己的成长节奏，只有耐心等待和观察，才能很好地捕捉到孩子的步调，让他在适当的时间里做适当的事情，事半功倍。

不仅教育如此，在平时的生活中，如果一个母亲连听完孩子的话的耐心都没有，就不用指望孩子会有耐心倾听别人的意见，向别人虚心求教了。希望孩子养成良好的生活习惯，没有耐心是不可能成功的，作为孩子的启蒙老师，母亲的耐心是他成长中的最重要的礼物。

第四，沉着镇定的母亲使孩子学会坚韧不拔。

当"郁闷"成为社会的流行语，抱怨也就开始成为整个社会的风气。长期承担家务的母亲们，常常在孩子面前喋喋不休地抱怨自己的辛苦，"唠叨"成为现代母亲一个不光彩的标签。遇事沉着冷静，讲求效率和意义不仅是商业人士的必学知识，也是母亲在教育过程受益无穷的原则。

母亲对孩子的影响相比较父亲而言，更加具体和细小，孩子如同初生的果实，上面还有一层薄霜一样细小的柔毛，母亲的手，正是要感知到这些细微的绒毛，呵护孩子的成长。所有母亲的特质，都是她作为女性特质的延伸,当上帝决定你成为一个女人,就是他在授予你创造人、养育人的工作。如果用一个词来概括,那就是展现母亲的"亲和力"。

爱是维系母子关系的纽带

吴章鸿是一位平凡的母亲,但她在 2005 年被全国妇联评选成为"感动中国的十位母亲"荣誉称号。她以她的家教经历告诉世人,"穷"妈妈的爱可以雕琢出最为珍奇的音乐人才。她的儿子吴纯已经是 16 项国际钢琴比赛大奖的获得者,这位妈妈用最朴素的爱来陪伴孩子一点一滴的成长,她在孩子还小的时候曾经有这么一段时间,每天早上五点半起床把孩子绑在身上,挤公交车去上学。她懂得教育孩子,但是从来都不会用暴躁的方式来压制孩子,而是耐心地劝导,用一片爱心来给孩子讲道理。在吴纯 11 岁的时候,其父亲与吴章鸿离婚并带走了家里所有的财产,而吴章鸿咬紧牙关,和孩子一起共渡难关,依然给孩子创造最好的教育条件,同时还告诫孩子记住周围人对自己的帮助,培养他的感恩心。在妈妈的感染下,吴纯从小就明白作为一个人应该秉承的处世之道,正如他的老师——世界著名钢琴大师克莱涅夫教授对他的评价:"他是一个礼貌并真诚的人,这一点可以让他赢得更多的尊敬与敬佩。"

在旁人的眼中,吴章鸿与儿子一直是非常和谐的组合,还在吴纯小的时候,吴章鸿对他说:"我需要爱,妈妈同样需要爱,妈妈在爱你的同时,妈妈更希望得到你的理解,尊重和支持。"确实,这样的一种爱才是最完美的亲子关系。

日本教育家井深大认为:"孩子和母亲之间有一条纽带在维系着。"

这条纽带不是语言,而是母爱。尤其是在培养人品的时候,这种不用语言也能进行意思传递的"纽带"更是必不可少的条件之一。

小时候缺乏爱的孩子,长大后多数也不懂得如何去爱,这并不能说他们自私,而应该说,这些孩子是因为在某一时期之前没有被爱过,所以不能接受爱。也就是说,在这些孩子的身上没有养成知足的心理和被爱的心理。

井深大在自己的著作中举了伊扎贝尔的故事:

伊扎贝尔的母亲是一个口不能说、耳不能听的聋哑人。伊扎贝尔出生后，家人为了让她们母女躲避世人的目光，在一间形同牢房的漆黑房间里，整整对他们进行了六年半的监禁。伊扎贝尔出生时，是一个没有任何异常的正常婴儿，但是在经过六年半的监禁之后，被人发现时，她却变成狼少女的模样：嘴巴不能说话，对陌生人充满敌意，一副穷凶极恶的样子。

据说，她的行为只相当于出生六个月的婴儿水平。但是经过梅逊和戴维斯两位大夫的共同教育，这位不幸少女的词汇量逐渐增加，数年之后，她达到了能够进行日常生活的水平。出生后到六岁半的时间里，没有人跟她说过话，陪伴她的只有黑暗和寂静。可是，伊扎贝尔最终却融进人的生活，这是为什么？

这是因为伊扎贝尔和母亲的肌肤之亲十分丰富，既不能听也不能说的母亲不可能听得见伊扎贝尔的哭声，也不可能对伊扎贝尔说出温柔的话语，但是，她可以通过搂抱婴儿，和婴儿进行心灵的交流。正是这种心灵的交流刺激了伊扎贝尔的大脑和心灵，并培养她作为一个人的心灵。

说到心灵教育，似乎让人觉得很难很难，其实，它并不难。对新生婴儿的初次爱抚，喝奶时婴儿和母亲之间的视线交流，母亲对婴儿的逗笑以及母亲对婴儿出声时的应答……这种母婴之间的交流是母亲和孩子之间联系的纽带，它是这个时期最重要的东西。

井深大把母亲和婴儿之间的相互感觉以及母亲和孩子之间的联系纽带表达为"不用语言的交流"和"语言之前的交流"，婴儿所感受到的首先是"语言之前的交流"，然后婴儿的心灵和能力才会成长。

妈妈决定孩子的一生

人民教育家老舍先生在怀念母亲时说过如下一段话："从私塾到小学，到中学，我经历过起码有百位教师吧，其中有给我影响很大的，也有毫无影响的。但是我的真正的老师，把性格传给我的，是我的母亲。母亲并不识字，她给我的是生命的教育。"

母亲教育研究所所长王东华教授在他的《发现母亲》中说："对母亲的依恋是人的精神赖以存在而不致崩溃的基础，也是人不断扩大自己生存疆域的依据，人所有的信仰，都是对母亲的信仰的一种替代形式。"这话一点也不夸张，母亲能够带给孩子的动力，是难以估计的。

观察一下你身边，就可以发现，那些阳光自信、充满乐观心态的孩子们，几乎无一例外地都拥有一位极其疼爱他们并乐于赞美的母亲。父亲的爱或许更多的是含蓄与深沉，他在潜移默化中教会孩子形成正确的价值观与良好的品性，而母亲的爱与热情，正好将这种力量激发出来，使之发挥出最大价值。女人天生具备表达情感和想法的特质，让母亲更易于夸奖孩子、关注孩子情绪的变化、在意孩子心情是否愉快等。父亲让孩子感受到勇敢和进取，但是让孩子在生活中深刻体会到这种品质的，还是与孩子形影不离的守护神——母亲。

战国时期齐国的王孙贾，15岁入朝侍奉齐湣王。一年，淖齿谋反刺杀了齐湣王，齐国人却不敢讨伐逆臣淖齿。王孙贾的母亲看到这一切，极为痛心。她对儿子说："你每天早上出去，晚上回来，我总在家门口等你，如果你晚上回来得晚，我还要到外面张望。你是湣王的臣子，怎么能够在王失踪生死未卜的情况下，安然回家呢？"母亲的话让王孙贾非常惭愧，他走上街头，号召人民起来讨伐淖齿，当时就有四百余人响应，最后终于平息了叛乱。

很多人担心，不知道怎样去教育孩子珍惜人生、积极进取。其实，只要你自己本身是一个积极进取的母亲，孩子自然就能养成阳光的心态和性格。孩子对人生的所有理解，都是从母亲的身上慢慢感悟到的。正因为如此，妈妈们才更有必要去改变自己、提高自己。

中国台湾著名的漫画家几米有一本漫画，叫作《我的错都是大人的错》，其中有很多"金玉良言"，一针见血地说出了现代家教的矛盾：

有些父母喜欢教训孩子：吃得苦中苦，方为人上人。

但她们自己吃尽了苦头，怎么没有变成人上人……

大人喜欢吹牛，

却要求小孩诚实。

所有的孩子都爱吹牛，

说他们的爸爸从来不吹牛。

大人喜欢对小孩说：

永远永远不要放弃梦想。

但为什么放弃梦想的都是大人？

这些既简单又直白的语言，把大人问得哑口无言了。为什么家长总是在做自相矛盾的事情，一边说着这样的话，一边又做着那样的事。每个父母都希望自己能有一个称心如意的孩子，但是很抱歉几米又说出了一个真相：我知道我不是一个完美的小孩，但你们从来也不是完美的父母，所以我们必须互相容忍，辛苦坚强地活下去。

很多孩子的不完美，都是从大人的身上映射过来的。比如我们常说孩子没有什么自尊心，不知道害羞，脸皮太厚。是不是因为他的自尊心被父母伤害得太严重了，产生了"抗体"？或者是他们没有从父母的身上找到自尊的感觉，从来不知道自尊是一种怎样的东西。现在孩子身上反映出来的种种问题，都是大人教育思想或者教育行为的后果。

妈妈与孩子相处的时间最多，对孩子产生的影响也最多。有的妈妈说孩子不爱学习，但是她自己也从来没有在家中翻阅过一本正经的读物。

有一位老师曾说，他请了专门的家长培训老师去学校培训，结果有几个家长却趁机带着孩子去澡堂。"那些人的脑子才需要洗一洗呢！"

家长会上，如果是家长自由选择座位，常常可以见到大家都往后面坐，哪怕讲台前面的位置空了很多。有很多家长迟到，或者听到一半的时候就离开了教室，或者在听课的过程中从来没想过要记笔记，或者是突然接听电话，大声说话打断主讲人……

我们能责怪孩子听课不积极、不记笔记、不用心、不守时吗？

家庭是孩子的第一所学校，而母亲，是孩子的第一位老师。好的或者坏的教育，都将在孩子的心中留下烙印，代代相传。孩子身上的那些错误，很可能就是这个家庭的错误，或者，就是母亲的错误。

做身体力行的好妈妈

妈妈带着儿子去动物园，路上看见地上有一份报纸。儿子看着妈妈，不知道该不该去把它捡起来，扔进旁边的垃圾箱，但是妈妈仿佛没有看见一样地走过去了。就在儿子准备转身去捡的时候，妈妈说："现在的人怎么这么没素质，到处扔垃圾，不知道有多脏。"

到了公交站台，妈妈抱着儿子就往车上挤，排队等候的乘客们的目光都落在这对母子身上，妈妈浑然不觉似的说："别挤到孩子，谁给让个座来。"

这趟周末之旅给孩子留下的最深刻的印象，不是动物园里的小熊猫，而是第一次感受到那么多陌生人投来的法官一样的目光。家长和孩子一起外出游玩，本来是一件开心的事情，既可以促进感情，也能够让孩子接触到社会。但上面的家长不顾及最普通的社会公德，不讲究最起码的社会秩序，这对孩子的负面影响不可小觑。

一方面，家长的做法直接否定了孩子在学校学习的文明礼让、爱护卫生的观念，让孩子感到家长与老师之间的矛盾；另一方面，家长的言行让孩子感到羞愧，伤害了孩子的自尊心，也伤害了家长在孩子心目中的形象。

其实完全有一种"多赢"的方式来处理他们遇到的问题，那就是家长的以身作则。

看到地上有纸屑，还没脏到不能用手去捡的程度，妈妈说："有人不小心把报纸丢了，我们把它捡起来吧，要是太脏了就留给环卫师傅打扫，像这种纸屑我们也可以动手。"说完，就牵着儿子的手，一起将报纸放在可回收的垃圾桶内。

看到很多人在排队，妈妈说："看来大家等很久了，很长的队。等会儿我们排队上车，如果没有座位了，我们就互相扶着站稳吧。"

用善意的方式来理解一些不文明的行为，可以让孩子感受到文明礼貌是社会最基本的秩序，从小养成好的习惯，也让孩子与家长一起参与到文明行动中来，感受到光荣和自豪。要知道，所有的美好品德，都以自尊心和羞耻感为基础，哪怕是很小的荣誉，也会让孩子更加向往得到更大的认可。

然而素质的培养，绝不止于社会公德的基本教育，它还包括孩子的世界观、价值观、人生观的培养，树立远大的理想、懂得谦虚和尊重他人、能够从小事做起……这些更加崇高和抽象的概念，要变成孩子生活中的一部分，除了让孩子去亲身体会，别无其他途径。这时候，就更需要父母的示范了。

孩子的精力其实是非常旺盛的，而且需要父母来调动积极性。如果父母和孩子站在一起，共同完成一件事情，孩子都是乐于接受的。如果仅仅停留在告诫和说教上，效果就不怎么明显了。

很多人都相信父母的素质决定了孩子的素质，就像知识分子家庭孩子往往彬彬有礼，而"暴发户"家庭的孩子却常常蛮横无理。的确，家长的水平高低对孩子有非常重要的作用，但是这个关系并不是建立在遗传上的，而是生活中的耳濡目染使然。

遗传对很多家长还是一个模糊不清的概念，当孩子身上有一些好的或者是坏的表现时，父母双方常常会拿"遗传"说事，甚至为争论是谁遗传给孩子坏习惯而伤害感情。

"遗传"是指父母的基因特征传给子女。遗传最直接、最显著的影响是对孩子生理上的影响，例如相貌、身体素质和家族遗传病等。对孩子的心理来说，遗传的影响力是非常有限的，心理遗传学在整个遗传学当中至今还没有形成系统，也就是说，还没有人能够十分肯定地说父母的素质、性格会遗传给孩子。但是几乎所有的遗传学者和教育学家都很明确地表示：家庭的氛围对孩子性格的形成有至关重要的作用，父母的言谈举止，直接影响着孩子的性格、习惯。

0～6岁是孩子整体素质形成的关键时期，既然遗传对孩子的心灵的影响是微乎其微的，父母不妨打起精神，用行动去培养未来的绅士。

好妈妈不食言

优秀的母亲必须让孩子知道，要言出必行，说话算话。要教育孩子对别人讲信用、负责任，首先就要从自身做起，给孩子树立榜样，答应的事情就要做到。只有说话算话的母亲才能在孩子心目中树立起威信来。

苏梅有一次到一个英国朋友家去玩，这位英国朋友有个3岁的孩子，非要跟苏梅一块儿洗澡，苏梅就敷衍她：你先洗我一会儿就去。等这孩子洗完澡后，苏梅仍没有去，孩子哭了，说苏梅骗她。孩子的妈妈也跟苏梅急了：你怎么能骗孩子呢？你既然答应和孩子一块儿洗澡，就要跟她洗……

看了这个例子，你有何感想？想一想如果你是文中孩子的妈妈，你会怎么做？

许多时候，你是不是为了达到目的，随口哄哄孩子做出承诺，而后来也没有兑现？

苏梅的行为是中国众多妈妈的一个典型缩影。

有太多的家长在孩子面前言而无信。比如，孩子哭闹时，妈妈常用许诺来哄孩子："别哭了，回头妈妈给你买辆小汽车。"但妈妈并不兑现这轻易的许诺。孩子却信以为真，满怀希望地等待着，然而一次次的许诺都不过是"空头支票"，孩子的一次次希望都成泡影。这样下去，孩子不仅逐渐失去对妈妈的信任，也慢慢地学会了说谎。妈妈只有在孩子面前信守诺言，才能真正树立威信，同时也会给孩子良好的教育，影响孩子以后的言行。

遵守承诺为君子，诚信待人才显人品。一个信守自己承诺的人，是一个有人格魅力的人；而一个视承诺为儿戏的人，自然不会得到别人的信赖。在家教当中，我们要有意识地加强孩子信守承诺的认识，借以培养孩子的诚信品质。

然而，在现实生活当中，值得我们反思的是，许多家长并没有信守"承诺"的习惯。他们往往向孩子许下这样那样的承诺，但一转身就让其随风而逝，很少有兑现的时候。久而久之，孩子对父母的做法习以为常，也就不会去遵守自己许下的承诺。要知道，承诺是必须兑现的誓言，是不容随便变更的。在哄骗中长大的孩子，已不会对自己的承诺负责，也就常常做出违反诚信原则的事情。

有一个美国孩子，他父亲早逝。父亲去世时留下一堆债务。若按常规，欠债人已去，把他的商品拍卖分掉，债务差不多也就算了。但是这孩子一一拜访债主，希望他们宽限自己，并保证父亲留下的债务分文不少地还掉。后来这孩子果然历二十年之功，把父亲留下的债务，连本带息、分文不落地还了。周围的人都非常感动，知道他是一个可靠之人，也就都非常愿意和他做生意。结果这孩子不但赢得了别人的合作，也赢得了他人的尊敬。

家长应教育孩子在答应别人之前，要慎重考虑自己有没有能力和把握做到，对不能做到的，就不要轻易答应；对比较有把握做到的，也应留有余地，不要大包大揽。

孔子说："言而无信，不知其可也。"言而有信，是做人最基本的道德要求，在培养男子汉的过程中，我们一再强调信守承诺的重要，值得每位妈妈去身体力行。

母亲对孩子必须言而有信、以诚相待，这样，孩子才会对母亲产生充分的信任感，也才愿意把自己的心里话告诉父母。母亲是孩子的镜子，也是孩子模仿的对象，也只有说话算话的母亲才能在子女心目中树立起威信来，才能避免孩子养成说谎的习惯。

妈妈，请放手让男孩经历风雨

让孩子在逆境中保持乐观

在现代的家庭教育中，妈妈要让孩子们知道，他们面临的是一个处处充满竞争的社会，"物竞天择，适者生存""优胜劣汰"将是普遍现象，未经锻炼的翅膀难以搏击人生的风雨，难以在未来的竞争中取胜。妈妈们要认识到，要想让孩子在竞争中立于不败之地，必须对孩子进行挫折教育，让他们自小接受艰难困苦的磨炼，教会他们敢于面对挫折，不怕失败，以培养他们坚韧不拔的意志和毅力。经过在逆境中千锤百炼成长起来的孩子才能更具生存竞争力，这也是妈妈应为孩子尽到的义务和责任。

人的生活并非都是一帆风顺的，在我们的生命中总是充满着这样或那样的困难和问题。但是我们应该让孩子明白，在逆境中开放的花是更美的，就像冰山上的雪莲那样的纯洁、美丽！所以我们要让孩子相信：挫折和困难正是上天给予他们的试金石，它淘汰懦弱和无能者，坚强者更懂得人生，懂得如何去完善自己，也会获得更多的经验和教训。

逆境更能让孩子获得更好的成长机会。从一个人成长的一般规律看，顺境可以出人才，但是逆境、挫折的情境更容易磨砺意志，逆境也可出人才。在逆境中经过挫折千锤百炼成长起来的人更具有生存力和更强的竞争力。因为，逆境中奋斗的人既有失败的教训又有成功的经验，更趋成熟；他们能把挫折看成一种财富，深谙只有失败才可能成功，成功是建立在失败的基础上的，因此更具有笑对挫折、迎难而上的风范。

"宝剑锋从磨砺出，梅花香自苦寒来！"孩子在逆境中成长是一笔财富！但是我们要引导孩子面对逆境挫折时要有一种积极乐观的心态。

乐观像一股永不枯竭的清泉，乐观像一首没有歌词的永无止境的欢歌。它使人的灵魂得以宁静，使人的精力得以恢复，使美德更加芬芳。孩子在用乐观的心态生活时，他们的精神、灵魂、美德都会从这种愉悦的心情中得到滋润，尽管烦恼和不安时时吞噬着这种美好的心情，各种挫折和磨难会一点一滴地消耗它，但这如清泉甘露般的美丽心情永远不会枯竭，而是历久不衰以至永远。

所以让孩子保持乐观的心态，微笑着面对生活是很有必要的。那么，妈妈在生活中应该如何引导孩子乐观地生活，乐观地面对生活的各种挫折呢？

1. 要朝好的方向想

有时，孩子变得焦躁不安是由于碰到自己所无法控制的局面。此时，你应该让他们承认现实，然后设法创造条件，使之向着有利的方向转化。此外，还可以引导孩子把思路转到别的事上，诸如回忆一段令人愉快的往事。

2. 不要过于挑剔

大凡乐观的人往往是"憨厚"的人，而愁容满面的人，又总是那些不够宽容的人。他们看不惯社会上的一切，希望人世间的一切都符合自己的理想模式，这才感到顺心。因此尽量让孩子避免挑剔的恶习。挑剔的人常给自己戴上是非分明的桂冠，其实是在消极地干涉他人的人格。怨恨、挑剔、干涉是心理软弱的表现。

3. 偶尔也要屈服

当孩子遇到重创时，往往会变得浮躁、悲观。但是，浮躁、悲观是无济于事的。我们要告诉孩子不如冷静地承认发生的一切，放弃生活中已成为他们负担的东西，终止不能取得的活动，并重新设计新的生活。大丈夫能屈能伸，只要不是原则问题，不必过分固执。

纵容小错，累积大过

教育孩子就要赏罚分明，孩子做得好要给予奖励，但孩子做错事时也一定不能姑息，哪怕只是小错也要进行适度的处罚，这样孩子才能正视自己的错误，及时改正。

6岁的小航总喜欢玩火，只要是与火有关的东西，例如火柴、打火机，甚至于家里的炉灶他都要去摆弄摆弄。小航的爸爸自己也喜欢各式各样的打火机，从气体、电子式到机械式打火机，甚至于还有古老的"火镰"……对于小航玩火的行为，父母从来没有给过任何处罚，他们觉得玩火也不是什么大错，看着儿子熟练地使用各种打火机，小航的爸爸甚至还得意地说："瞧，我的儿子就是像我！"

一天，小航在家里玩一个爸爸刚买来的打火机时，一不小心把自己的帽子烧了个洞，脸上还蹭上了不少黑灰！小航的妈妈看到儿子的狼狈样，非但没有狠狠地教训他，反而笑得喘不过气……过些日子，父母带小航去农村的姥姥家，一不留神，小航居然和几个表兄弟一起玩起火来，不知什么时候开始，姥姥家的草垛已经燃起了熊熊大火！小航的妈妈跑来，拉过小航来就是一顿痛打！

看到上面这个故事，你认为谁应该受到指责？是小航，还是小航的父母？

细细回想，自己是否有时也会认为孩子的小错并无大碍，不用小题大做？

一般人认为，孩子犯了小错可以不问，犯了大错就必须加以批评，其实不然，小错更应该引起家长的重视。

日本教育家多湖辉上中学时曾有过这样的经历。有一次发下考试答卷，他发现自己的数学成绩比预想的差得多，心里大吃一惊。记得考试时，除一道题没答上之外，其他都答得很完整。看完试卷之后才明白，自己因计算错误丢掉了好多分。父亲看完卷子后说了这么一段话:"看了你的答卷,发现你太马虎了。有的前半部分都对了,最后却写错了答案,还有的把加减弄反了,像这种本不该错的错误太多了。现在,请你马上把错改过来,否则将会一错再错,养成粗心大意的习惯,后果将不堪设想。"

无意中犯的错,是最容易被人忽视的,它的负面影响也是很大的。

孩子的判断能力远不及大人成熟,他们时常会犯错误。但是,即使是孩子,也具有区分好坏的基本判断能力,如果犯了严重的错误,内心深处一定会有所察觉。虽然不知原因,他也会自问是否做错了。

然而,虽然意识到自己错了,可一旦有人指出来,人们就会产生反感,并有可能将错就错下去,这点大人小孩都不例外。就说上高中的孩子吧,只要家长劝说他们努力用功,他们必会顶嘴说:"知道了,别再啰唆了!"然而,说归说,他们还是不肯用功,有时甚至会故意跑到外面去玩。

因此,除了及时指出问题,还要注意方式。如果妈妈在一旁呵斥,孩子刚刚萌发的反省心也会一下子化为乌有,进而产生反感,破罐子破摔,如此就会带来相反的效果。当孩子遭到较大挫折,换句话说,当孩子处在成长的关键时刻时,妈妈当场数落,不如给孩子留下自我思考的机会,等事情过后,再慢慢"细问":"那件事怎么样了?""当时觉得很困难吧?"有了反思的机会,孩子才有可能从各个角度去检讨错误,并从中吸取教训。

相反,当孩子犯了小错误,就应"随时确认",及时给予批评警告。有时,孩子未必能意识到自己的错误,如果不加以纠正,小错很可能演变成大错。因此,不断纠正小错误,才能做到防患于未然。

有一句话叫作"星星之火,可以燎原",一点小过错不断纵容,也会累积成大过。因此,爸爸在教育孩子时,一定不要纵容孩子的小过错,要不然只会害了孩子。

有一种家长,对孩子的小过总是姑息纵容,如果碰上心情好的话,甚至还要表扬两句。等到孩子把小错变大过时,他们就又变得异常愤怒,严厉地责罚孩子,殊不知,这些教育孩子的观点、行为都是相当错误的!这些错误的观点和错误的行为,当然只能收到适得其反的教育效果。

对于那些家有"玩火孩子"的母亲，我们的忠告是：面对孩子的小错误，母亲要立即纠正。如果孩子犯下小错误，当母亲的不能立即纠正，一旦孩子犯下大错误便后悔莫及了。妈妈们应该知道，尽管小孩的判断能力比不上大人，但是他们区别好与坏的能力还是有的。如果孩子犯了错误，在他的意识里，他会感觉到自己做了错事。此时，妈妈应当抓住孩子"我犯错误了"的心理，立即进行有效的教育和行为上的纠正，这样一来，孩子就不会再犯这类的错误。

请拿掉你手中的"保护伞"

吃水果时，孩子拿起了水果刀准备削皮。妈妈见状，立刻夺了下来："你不能削，会削到手。"

儿子拿起水杯，向热水瓶走去，妈妈马上说："会烫着手，我来，你过去等着。"

公园里，器械旁，妈妈的眼神牢牢地跟着孩子，不时大声叫："那边危险！不要过去！""那么高的地方不能爬，会摔下来。"孩子下了秋千和滑梯，家长赶忙跑过去扶住孩子。

妈妈如此担心孩子，生怕孩子受到一丝伤害，于是把孩子严密地保护起来。孩子们的确没有磕着碰着摔着，家长以为安全了，尽到做母亲的责任了。可是，在这样的保护下成长的孩子是什么样的呢？

孩子们好奇的眼神在一次次"不能"的喝令当中逐渐变得漠然。忍不住伸出的手吓得缩回去，不再伸出。心里那只探索世界的小手也缩了回去。种种未知的危险始终回响在耳边，只是想象，就已经限制了孩子的行为。

等孩子渐渐地长大时，他们便什么也不敢做，什么也不会做了。母亲的代劳让孩子甚至没有了自己想要去做的意识。孩子们变得唯唯诺诺、自私、懒惰、怯懦、自卑和不合群，有的甚至出现了严重的心理问题，更别提冒险和探索了。

用一句话来说，这就是母亲过于保护的结果。想想看在这种环境中长大的男孩子，什么事情都不敢做，还期望他们能有什么创造性吗？

母亲的庇护不会出现在任何时刻，事故终归是难以避免的。男孩们要学的是怎样去忍受在生活中碰到的疼痛甚至是困难。尝试了，体验了，即便是痛，也是他们人生的最初几步中宝贵的财富。感受了才能更深刻地意识到以后应该小心去避免。而妈妈们，无形中剥夺了男孩们享受的权利，导致了他们的无能。妈妈不是孩子永远的"保护伞"，经常沐浴在母爱保护之下的男孩离开了父母亲以后很难立足于社会。下面的这位妈妈就是很明智的，她给了孩子另外的一种保护。

为期两天的野营马上就要到了，孩子积极准备着去山里要携带的物品。他做了很多准备。妈妈检查了他的行李，发现他没有准备足够的衣服，因为山里要比平原冷得多，而且也没有准备手电筒，这可是野营时需要带的东西。

但是妈妈什么也没说。

两天后，妈妈问回来的儿子："怎么样？玩得开心吗？"

儿子说："我带的衣服太少了！还有，我没带手电筒，这件事情很麻烦。"

妈妈问："那为什么不预备好呢？"

"我还以为那儿的天气和这边一样，没想到山里会那么冷！下次再去的时候，我就知道该怎么做了。"

上面事例中的妈妈是想让"经历"去告诉孩子结果，而不是由自己直接告诉他，甚至无微不至地为他准备好。看上去，这位妈妈似乎是个不称职的妈妈，但她其实却是一位非常明智的妈妈。因为她阻止了自己的过度保护，而给了儿子直接的体验和经验积累，从而避免了让孩子走向无能。

男孩有预约错误经验的权利，所以不要找出"不想让他走弯路"的借口，应放手让他尝试错误。体验了失败，才能更有利地回避失败，这才是最直接的给予！如果母亲只知道帮助他踢开前进路上的小石子，会让他觉得一切都是容易的、安全的和可靠的。只有无数次错误经验的累积，才能让孩子直观地感受到错误的真正含义，这些远远胜于妈妈的"千叮咛万嘱咐"。

所以，妈妈要大胆地给他尝试错误的机会，这是男子汉成长过程中必须要经历的一步。

适当让男孩受一点苦

很多妈妈由于对男孩太过于精心照料，使男孩往往会对母亲过度依赖，逐渐变成了娇软的"奶油小生"。

小学生强强对妈妈说："妈妈，我的同桌小丽昨天打了我的头，还把我的书包扔到教室外面去了。你说我该怎么办呢？"

这些本应该是充满着阳刚之气的男孩，怎么会变得如此胆小怕事呢？

我们不得不把矛头指向那些乐于事事代劳的妈妈，她们处处疼爱孩子，为孩子做好一切，结果换来的是男孩自理能力的下降。

一个小学一年级的男孩子，在中午吃饭时突然大哭起来。老师问他为什么哭，男孩一边抽泣着一边说："今天的鸡蛋太硬了，没法吃。"原来，以往男孩带的鸡蛋都是妈妈事先剥好皮的，而这次来不及了，妈妈没有帮他剥皮。

东南大学的一位教师说，一些学生考入大学、离开父母后，基本不会独立生活，不能自理自立。一位考上南京某名牌大学的高才生，入学一个月便将自己的各种证件、钱物等都丢失了，并且无法处理简单的日常生活。不得已，学校只能要求他的家长前往学校帮助其料理生活。后来这名同学还是感觉生活不适应，只好休学回家。还有的学生将自己换下来的脏衣服打成邮包寄回家，让父母去洗；一些大一、大二的学生均反映适应不了大学生活。

有一次，学校组织学生进行大扫除，有一位妈妈拿着抹布来帮助儿子做卫生。老师不禁感到纳闷，问这个妈妈："平时孩子在家做家务吗？"没有想到这位妈妈毫不犹豫地回答："疼还疼不过来呢，怎么能让他做家务呢？"

这样被妈妈"一手包办"长大的男孩，将来肯定是要吃苦头的，注定会给家长带来悲哀和失望。

要想把自己的男孩培养成为适应未来社会的男子汉，当妈妈的可以表现得不那么强势，给男孩提供显示本领的机会。母亲的过于能干、刚强，会让男孩失掉施展才华的天地，能力慢慢地被弱化。

事实确实如此，如果妈妈把男孩当成一个男子汉来培养，他会慢慢变成令妈妈满意的男子汉。如果妈妈总是把男孩当作一个小孩子，即便他已经长到了十几岁甚至是二十几岁，他在心里也会永远把自己看作是一个小孩子。正确的做法是，适当让男孩受一点苦。

有一次，我国有一位青少年教育专家到华盛顿参加完一个会议，出来在路边等车，看见一个母亲和一个3岁左右的小孩过马路。那个小孩不小心摔了一跤，母亲走了过去，对小孩说："汤米站起来！"小孩继续在地上要赖。母亲的声音越来越大、表情越来越严肃："站起来！"小孩立刻站起来了。母亲把小孩带到路边就开始训斥："汤米，你看看你刚才，像个男子汉吗？还说长大了要保护妈妈，你那个样子能保护我吗？做事情不能担负自己的责任，还妨碍交通。"3岁的小孩含着眼泪，被妈妈带走了。

赫胥黎说："人在早年遭受几次挫折实际上有极大的好处。"男孩在成长时期太顺利了未必是好事。对男孩过分保护，往往会妨碍他身心的正常发展，使他们变得胆怯、依赖心重、神经质，不敢做任何尝试，而且不易与人接近。为了让男孩在以后的生活中少吃苦头，在男孩成长的过程中，父母要做的是精心设计一个有益的教育环境，使男孩在成长过程中适当地吃些苦头，培养他承受挫折的勇气和能力。有了这样的准备，男孩才可能在以后少吃苦。

孟子云："生于忧患，死于安乐。"忧患和安逸都是生活方式，但一个可以培育信念，一个只能播种平庸。母亲必须让男孩知道，在成长的道路上，不可能是一帆风顺的，成功往往是与艰难困苦、坎坷挫折相伴而来的。如今的男孩生活过于安逸，普遍缺乏经受磨炼的机会，因此，他们很难学会忍受挫折和失败带来的负面情感，这对他们的成长是极其不利的。经过在逆境中千锤百炼成长起来的男孩才能更具生存竞争力。

有位男孩考上了一家部队院校，严格的军事化管理让男孩苦不堪言，他在给家长的信中屡屡透露出不能承受的意思。他的父母千里迢迢去探望，看到男孩的确很苦，站要有站相，坐要有坐态，就是平日穿衣叠被吃喝等杂务也得用统一整齐来规范，更别说每日早晨风雨无阻的五公里越野长跑。

他们只待了三天就被队领导要求返乡，他们看着男孩黑瘦的模样，内心充满矛盾——男孩平素一进家门就喊饿的，可现在，肚子咕咕叫，还要饭前一支歌！怎么办，母亲几乎动了把男孩领回家的念头，可父亲却一直坚持："别人家的男孩能行，咱家男孩也行！"后来两位家长终于释然。如今，他们的男孩已真正成为一个成熟稳健、果断独立的男子汉了。

日本著名企业家松下幸之助曾经说过这样一段话："狮子故意把自己的小狮子推到深谷，让它从危险中挣扎求生，这个气魄太大了。虽然这种作风太严格，然而，在这种严格的考验之下，小狮子在以后的生命过程中才不会泄气。在一次又一次地跌落山涧之后，它拼命地、认真地、一步步地爬起来。它自己从深谷爬起来的时候，才会体会到'不依靠别人，凭自己的力量前进'的可贵。狮子的雄壮，便是这样养成的。"

别让男孩走"中性路线"

几十年前，美国著名的预言家阿尔文·托夫勒预言了世界发展的十大趋势，其中就包括了男女性别逐渐趋于中性。而时下的"中性"的确已经作为一个时尚的词汇，频繁出现在我们面前。

走在学校的校园，我们不难看到超短发型、宽边眼镜的女生打扮，并且这样的人群还有增多的趋势，她们觉得这是一种时尚。与之相反的是，一些男生性格文弱、细腻、敏感，缺少男孩应有的阳光与粗犷。

随着社会的变迁，我们对于性别的认识已经采取更为理性的姿态，"中性化"作为一个时尚的词，越来越被我们熟悉。

有一位心理咨询中心的分析员这样分析中性化的原因：在心理学中有这样的理论，兼有男性和女性特征优势的人比较灵活，更擅长于人际交往，更容易被社会接纳，具有更强的社会生存能力。

不过，中性化具有优势并不代表性别可以忽略不计。当性别失去了严格的分类之后，男性和女性的概念也就失去了意义。女孩可以具有男孩的出色品质，比如勇敢、坚毅，男孩也可以具备女孩的优势，比如细心、周到，但是，男和女毕竟是自然的属性，是不可能从根本上进行颠覆的，如果违背了自然的法则，那将会出现很多不自然的后果。

震震从小就失去了父亲，同自己的妈妈和外婆生活在一起。因为是家里唯一的孩子，长辈们都很疼爱他，可以说是关怀备至。

在其成长的过程中，家人也从来没有给他灌输过关于性别的知识，他也没有感觉到什么，与外婆和妈妈生活在一起很自在，没有感觉自己和别人有什么不同。上了小学之后，震震就很自然地和班上的女生玩到了一起，然而男生却常常嘲笑他，甚至是欺负他，虽然有一群"小姐妹"半路为他解围，可是震震心中有一种挥之不去的难过。

震震大学毕业之后，一直都找不到合适的工作。无奈之下，家人帮他找到了一份工作，因为女同事很多，他无法适应那里的工作环境和工作压力，没有过试用期就被辞掉了。

在成人世界中我们可能会有这样的体会：有些男人在家庭中没有任何地位。不管他们的工作有多努力，在外面多么受别人的尊敬，但是一回到家里就会像个孩子一样，他们的妻子会为此伤透脑筋。

当女人们聚在一起聊天的时候，肯定会有类似的抱怨："我家里有两个孩子，其中一个是我丈夫。"因为对于妻子而言，优秀的丈夫能够承担家庭的责任，能够帮助她解决实际的问题。这些爸爸回到家往往就是盯着电脑，完全不把家庭事务放在心上，怎么不会让妻子感到恼火呢？

虽然这些妻子对丈夫颇有微词，但是对自己的儿子却宠爱有加，妈妈们不愿意让儿子分担家务，愿意给他最快乐的童年。可是对男孩来说，如果在年少时候就长在温室里，不懂得承担责任，可能到了成年之后，自己都无法对自己负责，那怎么会对妻子、对家庭负责呢？将来一定会有更多的妻子抱怨。

所以，妈妈要有意识把男孩训练得更加刚强，在以下几个方面应该有所注意：

第一，让男孩独立生活。

妈妈要改变什么事情都替男孩包办的态度，要多给男孩自主的机会。不论是在生活中，还是在学习上，凡是应该男孩自己做的，妈妈一定要放手让他自己做，并坚持这样的原则：你能干的，我绝不替你干；你不会干的，我教你干；你让我干的，我考虑该不该干。

很多家长都有这样的认识误区：在生活方面都帮助男孩料理好，男孩只要把全部的精力放在学习上就好了。其实这种认识是错误的，因为男孩在生活中形成的依赖心理会阻碍学习过程中自强自立精神的形成，这也是形成孩子软弱性格的重要原因之一。

男孩在独立做事的过程中培养了解决问题的能力、对抗挫折和困难的意志，当遇到困难的时候就不会感到无所适从。而且，当男孩在进行劳动等实践的同时，一定会切身感受到妈妈的不容易，当这种感情升起之后，还会促进男孩更用心学习。因此，妈妈应该让男孩学会自己独立生活，交给他独立面对生活的勇气和能力，可以先从小事着手，比如：让男孩自己准备早点、夜间要自己上厕所，等等。这些看起来是小事，但对于培养男孩坚强、勇敢的品质是有益处的。

第二，让男孩成为强者。

如果想让男孩坚强，就千万不要把他看作是弱者。只有他自己能立定脚跟的时候，他的意志才会坚定。

第三，让男孩增强自信心。

正在成长过程中的男孩更需要体验挫折的经历，家长应该鼓励男孩了解并发挥自己的特长，让他大胆尝试，享受成功。天下没有十全十美的人，找到更多的理由表扬男孩，让他认识到自己的优点和长处。这样，当男孩遇到挫折的时候，他就不会一蹶不振、轻易放弃了。

第四，让男孩正确看待失败。

当男孩遇到失败的时候，妈妈要帮助男孩找到失败的原因，和男孩一起分析遇到的问题，教会他从不同的角度看待事物，帮助孩子塑造良好的心理素质。

人的一生当中总会碰到自己无法控制的状况，作为家长在教会孩子正确对待失败的同时，还要教男孩做好心理准备，人生因为充满了挑战才显得精彩，失败中也包含着有益的因素，能克服失败的男孩才会更好地成长。

做好妈妈的四条秘诀

多培养拥抱孩子的习惯

人们普遍认为"常抱会养成习惯"，意思是说：常常以抱止哭，容易惯坏孩子。果真如此吗？如果说这是意味着"别溺爱""别太宠"的一种警告性提示，那是可以认同的。但如果是矫枉过正，尽量避免拥抱婴儿，就值得商榷了。

正在哭的婴儿，如果有人将他抱起来，就会停止哭闹而绽开笑容——这是父母们都体验过的事。

井深大指出，对于尚不能用语言、动作来表达想法的婴儿来说，哭是唯一的自我表现的方法。须知，婴儿只要在哭，便是或多或少要诉说心中的感觉，对于他所代表意志的召唤不予回答，就等于片面地拒绝了婴儿的要求。

特别是出生不久的婴儿和母亲的肌肤接触，即所谓的皮肤关系，在孩子的心灵发展上最为重要，已是一般的常识。

关于这方面的经验，十多年前曾有美国的专家以猴子做实验而提出了有趣的报告。

威斯康星大学灵长类研究所所长哈里·哈洛博士，将刚生下来的小猴子从母猴怀中移开，换用人工制造的妈妈，来观察小猴对母亲的需求情形。

哈洛博士准备了铁丝做的和布块做的代用妈妈，并分别在木偶身上通电流使之产生体温，有的带奶瓶，有的会轻轻摇动。

结果发现，小猴最喜欢有体温的、触感柔软的、有奶及可以被摇晃的假妈妈。因此，哈洛博士强调，人类的婴儿也和小猴一样，需要的是奶与暖和、柔软的触感，以及轻轻摇动的感觉，而母亲温和地怀抱婴儿，对婴儿的心理发展无疑是最重要的。

井深大说，他之所以主张"应多培养拥抱孩子的习惯"，无非也是希望借此充分地做好母子间的思想沟通。肌肤关系，是培育丰富情感的基石。

成长中的男孩需要家长更多的细微关心和更多的拥抱。妈妈对于男孩要多关心，要经常问问男孩最近的学习还有活动状况，询问一下男孩掌握的知识有多少，最近阅读了什么样的好书，应该尽量多表扬男孩，让他感觉到自己每天都有进步，哪怕他今天只是改正了一个缺点。妈妈的拥抱与鼓励是不可少的，最起码会让男孩具有一定的自信心，让他懂得今后去更加主动地学习。

请放下那副"教育孩子"的架子

李丽从国外回来，那里的许多人和事仍历历在目，如一些家长蹲着，和孩子在一个水平高度上面对面地谈话，给她留下了很深刻的印象。

第一次见到这种情景是在她住的朋友家。一个周末，他们请了一对青年夫妇和孩子来吃晚饭。当这个两岁多的孩子吃饱了，要下地去玩时，孩子的母亲也立即离开餐桌，蹲下来面对着孩子说："你是不是坐到离餐桌远一点的地毯上去画画？"孩子高兴地坐到那边独自玩去了。当时，她对这位家长蹲下来对小孩子说话的举动虽然感到讶异，但又以为这只是这位妈妈特有的教育方式而未再多问。

又一个周末，学校的一位秘书尼蒂请她到她家做客，她又一次见到这动人的情景。尼蒂有一双可爱的儿女，当他们准备乘车一同去超级市场时，4岁的儿子罗艾姆因为姐姐先坐进汽车而不高兴，尼蒂在车门口蹲下来，两只手握住儿子的双手，脸对脸，目光正视着孩子，诚恳地说："罗艾姆，谁先坐进汽车并不重要的，对吗？"罗艾姆看着妈妈，会意地点点头，钻进了汽车并挨着姐姐坐了下来。第二天上午，李丽和尼蒂一家去公园玩。当罗艾姆同姐姐跑跑跳跳，要到湖边去看戏水的鸭群时，不小心绊了一跤，眼泪在他的大眼睛里滚动着，马上要流出来了。这时，尼蒂又很自然地蹲下来，亲切地对儿子说："你已经不是小宝宝了，是不是？你已经是个大男孩了，绊一下是没关系的，对吗？"李丽也学着在一旁蹲下来，面对着罗艾姆说："是的，你是个大男孩了，对吗？"孩子一下子就收住了眼泪，很自豪地玩去了。

这时，李丽禁不住同尼蒂谈起了这样的教育方式。尼蒂说："与孩子说话当然要蹲下来呀！他们年龄小，还没有长高，只能大人蹲下来，才能和他们平视着说话。在我小的时候，我的父母就是这样同我说话的。我认为，孩子也是独立的人，因为他们比成人矮一些，成人就应该蹲下来同他们说话。"

实际上，这里的"蹲下"并不只是动作和行为上的"蹲下"，它更多的是传达与孩子站在相同立场上的观点。

或许妈妈早已习惯了站在成人的立场，以成人的思维方式为孩子分析问题，告诉他们应该如何去做，这会使他们怯于亲身去体验。如果我们坚持认为自己知识渊博，总是滔滔不绝地向孩子灌输，不厌其烦地纠正孩子的错误，我们就限制了孩子自己去积累知识的机会。而且，这种认为孩子这也不行、那也不行的态度，会极大地打击他们的积极性，使他们丧失自信。要学会站在孩子的角度思考问题，我们所要表达的爱，是要对方能接受的，千万不可因"爱"而生"碍"。

妈妈只有放下架子，和孩子平等交流，才能真正走进孩子的内心，给孩子以鼓励和帮助。

以身作则，培养诚实的男孩

老师打电话来说孩子一个下午没去学校，于是等孩子回来，你问他：

"下午上课怎么样啊？"

"嗯，挺好的。"

"老师都讲什么了呀？"

"哦，讲的……讲的课文。"

这个时候，你明知道孩子说谎了，但是应该怎样做才能既让孩子认识到自己的错误，又能让他以后不再撒谎呢？

诚实，不是天生的，是在后天的教育环境中养成的，英国著名的哲学家罗素说："孩子不诚实几乎总是恐惧的结果。"他们因为害怕父母的责罚而不敢承认自己的错误，或者为了达到某种目的而不得不撒谎。其中，父母对孩子的态度，是造成孩子是否诚实的一个重要因素。

美国一位著名心理学家为了研究早期教育对人一生的影响，在全美选出 50 位成功人士，他们都在各自的行业中获得了卓越的成就；同时又选出

50位有犯罪记录的人，分别给他们去信，请他们谈谈母亲对他们的影响。有两封回信给他的印象最深。一封来自白宫一位著名人士，一封来自监狱一位服刑的犯人。他们谈的都是同一件事：小时候母亲给他们分苹果。

那位来自监狱的犯人在信中这样写道：

小时候，有一天妈妈拿来几个苹果，红红绿绿，大小不同。我一眼就看中一个又红又大的苹果，十分喜欢，非常想要。这时，妈妈把苹果放在桌上，问我和弟弟：你们想要哪个？我刚想说要最大最红的一个，这时弟弟抢先说我想说的话。妈妈听了，瞪了他一眼，责备他说：好孩子要学会把好东西让给别人，不能总想着自己。

于是，我灵机一动，改口说："妈妈，我想要那个最小的，最大的留给弟弟吧。"

妈妈听了，非常高兴，在我的脸上亲了一下，并把那个又红又大的苹果奖励给我。我得到了我想要的东西，从此，我学会了说谎。以后，我又学会了打架、偷、抢，为了得到想要得到的东西，我不择手段。直到现在，我被送进监狱。

那位来自白宫的著名人士是这样写的：

小时候，有一天妈妈拿来几个苹果，红红绿绿，大小不同。我和弟弟们都争着要大的，妈妈把那个最大最红的苹果举在手中，对我们说："这个苹果最大最红最好吃，谁都想要得到它。很好，现在，让我们来做个比赛，我把门前的草坪分成三块，你们三人一人一块，负责修剪好，谁干得最快最好，谁就有权得到大苹果！"我们三人比赛除草，结果，我赢得了那个最大的苹果。

我非常感谢母亲，她让我明白一个最简单也最重要的道理：要想得到最好的，就必须努力争第一。她一直都是这样教育我们，同时自己也是这样做的。在我们家里，你想要什么好东西都要通过比赛来赢得，这很公平，你想要什么、想要多少，就必须为此付出努力和代价！

小时候，妈妈给孩子灌输的是一种什么样的心态，他长大了便会用什么样的心态去对待身边的事与物，你也可以通过分苹果这样的小事，给孩子灌输一种积极诚实的心态。如果你对孩子撒谎睁一只眼,闭一只眼,不闻不问,听之任之。那样,就会变成一种放纵,孩子会越说越厉害,直至走上邪路。

那么,怎样才能让孩子成为一个诚实、不撒谎的孩子呢?

第一,不要在孩子的面前说谎。

要想孩子成为一个诚实的人,妈妈就应该先给孩子起到一个良好的表率作用。如果哪天你带着孩子去买东西,小贩不留神多找了你钱,你赶紧装作不知道拿着东西走了,而这一幕正好被细心的孩子注意到,那以后你要再给孩子讲应该怎样做一个诚实的人,他还会相信你吗?

第二,要鼓励孩子承认自己的错误。

有时候,当孩子做错一件事情,说谎往往比说真话更能免受处罚。对于这种情况,妈妈不宜急躁,应先查明孩子说谎的原因,了解他撒谎的动机,让孩子明白,没有撒谎的必要。孩子自然不会再惧怕处罚。

第三,肯定、表扬孩子承认错误的态度。

当孩子承认错误的时候,千万不要责怪他,而应该对他承认错误的态度加以肯定,让孩子体会到诚实的可贵。大多数妈妈认为,孩子主要是因为不知道撒谎的严重后果才说谎的。事实上,孩子说谎有时是因为说了真话反而受到了惩罚,所以他选择说谎来逃避惩罚。试想一下,当孩子第一次撒谎承认错误后,你不但不肯定他的勇敢,还无情地责怪他,下次再犯错的时候,你还能指望孩子对你说实话吗?

第四,对孩子的撒谎行为进行一定的处罚。

适当的处罚可以让孩子知道撒谎的代价,以便以后不再犯这样的错误。比如,孩子打碎了碗,但是却说谎了,你了解真相后可以罚孩子自己把碎片收拾干净。

养育男孩,要"狠"一点儿

疼爱孩子是母亲的天性,但是如果疼爱过了头,那就变成溺爱了,溺爱只会害了孩子。作为母亲,千万不要让溺爱害了孩子。

教育男孩,最忌讳的就是溺爱。一个在溺爱环境中长大的男孩,别指望他将来会有出息。对男孩的爱,只能放在心里,表现出来的,该狠还是要"狠"一点。要舍得让男孩吃一点苦头,不要对男孩的要求全部给予满足。以男孩为中心，一味地溺爱，是不利于男孩身心健康的，对他们的成长极为不利。

一位母亲中年得子，对儿子是百般疼爱，从来什么都是依着他，他要什么就给什么。儿子是个比较内向的男孩，平时不爱和人交往，学习成绩也是普普通通。高中毕业之后，儿子没有考上大学，母亲就将他送入了一所私立大学读书。就在儿子读书期间，妈妈每两个星期都要到儿子的学校去看望他，生怕他有什么不适应。

大学毕业之后，母亲并不鼓励儿子主动去找工作，她对儿子说："你是大学毕业生，可以找一份好点的工作。"意思是不让儿子出去受苦受累。于是儿子很心安理得地在家里过了两年，但是什么工作都没有找到。后来父亲不得已帮儿子找了一份很普通的工作，儿子上班不到一个月就回来了，说不适应，而这一回来，就在家里待了4年，这4年中不出家门一步。

看到儿子这样，做母亲的十分担心，但还是一味地由着他，但是老两口年纪一把，这么下去，儿子以后怎么办呢？父亲为此渐渐变得不爱说话了，心中的压抑堆积了起来，最后得了忧郁症。父亲住院了，儿子也不去看望，而母亲不得不在照顾了丈夫之后又回家给儿子做饭。

这是一个真实的故事，可以说，儿子能走到今天，都是过度溺爱的结果。这样的男孩，如此自闭、冷漠、寡情、无能，几乎等于一个废人，更谈不上什么男子汉了。这是孩子的悲剧，更是母亲的悲哀。

一般来说，在家庭当中，母亲溺爱孩子，最典型的表现有以下几种：

第一，对男孩给予"特殊待遇"，使男孩滋生优越感。

有很多母亲依然抱着"重男轻女"的思想不放，或者由于男孩是家里的独生子等原因，在家里的地位高人一等，处处都会受到特殊照顾。这样的男孩必然是"恃宠而骄"，变得自私没有同情心，不会关心他人。

第二，对男孩的各种要求"无条件满足"。

有的母亲对男孩的各种要求总是无原则地满足，儿子要什么就给什么。有的母亲觉得"再穷不能穷孩子"，即便是自己省吃俭用，也要满足男孩的无理要求。这样长大的男孩必然会养成不珍惜物品、讲究物质享受、浪费金钱和不体贴他人的坏性格，而且毫无忍耐和吃苦精神。

第三，对男孩过分保护。

有的母亲为了男孩的"绝对安全"，不让孩子走出家门，也不许他和别的小朋友玩。更有甚者，变成了儿子的"小尾巴"，步步紧跟，含在嘴里怕化了，吐出来怕飞走。这样养成的男孩一定会变得胆小无能，丧失自信，养成依赖心理，或者是在家里横行霸道，到外面胆小如鼠，造成严重的性格缺陷。

第四，袒护男孩所犯的错误，"护犊子"。

当男孩犯了错误的时候，妈妈总是视而不见，反而说："不要管太严，孩子还小呢。"有时候爷爷奶奶还会站出来说话："不要教得太急，他长大之后自然会好了。"在这种环境中长大的男孩全无是非观念，长大之后很容易造成性格的扭曲。

为了男孩的健康成长，母亲要给予他充分的爱，但是不可以一味地迁就儿子，这样培养出来的孩子将来会出现很多问题：缺少远大的理想，缺少是非的观念，缺少良好的习惯，缺少挫折教育，等等，直接影响孩子的未来。

第四章 ▷

谁说纨绔少伟男
——财富时代的"穷养"智慧

莫让"富贵"毁了男孩的人生

为什么"独二代"生存能力差

你是不是舍不得孩子离开你？

你是不是不放心他们干一切事情？

你是不是总觉得孩子还小，没有能力自己生活？

现在，大多数人家的男孩都是独生子。父母为"独二代"考虑的越来越多、越来越细，总想给男孩最好的东西，什么事情都是父母一手操办。父母永远担心自己的孩子，是不是吃得好，是不是穿得暖，夜里是不是盖好了被子。可是，男孩们的生存能力却越来越差，他们成了温室里的花朵，成了父母羽翼下永远长不大的雏鹰。

事实表明，越早放开拉着男孩的手，男孩就会越早地适应社会，找到自己的位置，而一直被父母放在自己羽翼下的孩子，往往变得特别脆弱，经不起一点风雨的洗礼。

我国古代有个很著名的故事正好可以说明这一点：

惠施和庄子都是魏王的好朋友。一天，魏王分别送给他俩一些大葫芦的种子，对他俩说："你们把这些种子拿去种在地里，会结出很大的葫芦。比比看，你俩究竟谁种的葫芦大，到时候我还有奖赏。"

惠施和庄子都高兴地领受了，并将其种在地里。

为了能种出比庄子更大的葫芦，惠施非常用心，而且每天都施肥、除草。庄子的葫芦就种在不远的地方，但他从不施肥、除草，只是到时候来看看，见没有什么异常，就做别的事去了。

没过多久，惠施的葫芦苗一棵一棵地相继死去，最后，一棵也没成活。而庄子的葫芦苗却长得格外好，慢慢地，都开了花、结了果，而且，正如魏王所说的那样，长出的葫芦都很大。

惠施觉得很奇怪，就跑来请教庄子："先生，为什么我那么用心地栽培，所有的苗都死光了，而您从来都不曾好好地管理它，它怎么会长得那么好呢？"

庄子笑着答道："你错了，其实我也是在用心管理的，只不过与你的方法不同罢了。"

"那你用的是什么方法呢？"

"自然之法呀！你没见我到时候也要去地里转转嘛！我是去看看葫芦苗在地里是不是快乐，如果它们都很快乐，我当然就不用去管它们啦。而你却不管它们的感受，拼命地施肥，哪有不死之理啊？"

"这么说来，是我害了它们？"

"就是啊！你的用心是好的，可是你不用自然之法，怎么可能得到自然万物的青睐呢？"

惠施恍然大悟，才知道原来是自己过分悉心的照顾害了葫芦。

看了这个故事，有的人可能会取笑惠施的愚蠢，可是我们现在大部分的父母，不正是过度保护自己葫芦的惠施吗？俗话说："吃得苦中苦，方为人上人。"其实，众多家长也明显意识到了这一点，但怜子之心让他们非常矛盾。孩子迟早都要离开父母的怀抱独自生活，在成长的道路上吃一些苦，绝对不是坏事。所以，父母应该懂得适时放手。

所谓"放手"，即从孩子生下来，父母就设法给他们创造自我锻炼的机会和条件。现在的社会，竞争是激烈的，如果没有早早地锻炼出孩子自强不息的拼搏精神，日后他们拿什么来立足于社会，得到幸福的生活呢？

看到这里，父母们也不用着急，那该如何来培养孩子呢？其实你只要注意以下几个方面就可以。

第一，不要给男孩太多的呵护。

不要给男孩太多的呵护，学会做一个"懒父母"。家长对男孩的事情，不应该做到事必躬亲，比如为了锻炼男孩的自理能力，让男孩自己上学，自己洗衣服，自己打扫房间，自己的朋友来家里，就让他们自己招待，家长不在家的时候，让他们自己做饭。父母给予男孩最大的爱，就是让他们早日脱离父母温暖的怀抱，学会自力更生，毕竟，你不可能一辈子都在男孩的身边照顾他。

第二，不要把男孩放在自己的手掌心里。

男孩看到地上的树叶很漂亮，想捡起来。父母一看不得了，赶紧把男孩抱走，生怕地上有什么脏东西。男孩看到其他小朋友爬树很好玩，就跃跃欲试，父母知道后，把男孩叫回去批评一顿："谁让你去爬树的？你知道那有多危险吗？"男孩想自己去学校，父母又说："路上那么多车，撞到了怎么办？"过度的限制，让男孩少了很多童年必要的成长经历。"要想知道梨子的滋味儿，必须亲自尝一尝"，所以让男孩自己去感受吧，就算吃苦，对他们的成长来讲也未必是件坏事。

第三，教男孩学会自主处理事情。

让男孩自己学着去生活，说起来容易做起来难，这就要求父母给予男孩必要的配合。比如，男孩想和同学去野炊，征求你的意见，你就可以让男孩自己决定去还是不去。选择的权利交了给男孩，他感觉到了父母的尊重，自然会慎重行事，不让父母为他担心，同时也锻炼了他自己思考处理问题的能力。

育子可适当粗放些

一位父亲去美国考察，一天正遇风雪天气，看到一群小学生，穿着短短的羽绒衣，单薄的裤子，敞着领子，背着沉重的书包，在大街上困难地行进，并没有汽车接送，也没有家长陪同。孩子们小脸冻得红红的，欢笑着，跳跃着，没有一个愁眉苦脸的。这位父亲回国后，对正上小学三年级的儿子讲了美国看到的情况，对他说："从明天开始，你自己上学去，不再由大人接送了。"话音未落，孩子"哇"的一声大哭起来。父亲问为什么让他自己上学就哭，"是不认得路吗？"摇头，"怕过马路车多吗？"还是摇头。到底为什么呢？他抽泣着说："人家都有人接，我没人接，多没面子呀！"原来如此。

家长们"众星捧月"般的娇纵，无异于为孩子们建起了一座座坚不可摧的壁垒，最终将孩子囚禁成"鹦鹉人""金丝鸟"，无法具备独立的人格，这样的孩子必将在未来的社会中尝遍苦头。"育子何妨粗放些"，有专家曾如此呼告——因为，我们的孩子需要粗放式的教育方式。

作家毛志成在他的文章里，也有着这样的感慨：

一件小小的往事，在我的记忆中时时闪烁，30年不褪色。

那一年冬天，好冷好冷。积雪久久不化，继续酿造着令人恐惧的低温。有一天，我夜宿某个山村，房东将一对八九岁的双胞胎男孩打发到我屋里同住。两个小东西脱得赤条条的，同钻一个被窝，好一通打打闹闹之后才睡着。第二天一早，两个小东西刚睁开眼，又是一通"被窝战"。后来，一个跳下炕，向室外跑去，另一个也跳下炕，穷追不舍。室外是零下23度的严寒。

我穿衣下炕之后，走到户外，不禁惊愕了，两个小东西正在雪地上滚作一团，做"相扑"状。其母出来抱柴，只是漫不经心地骂了一句"总是抽风"，随即便取柴回院，未显示出任何惊愕。其父出来担水，只是瞟了一眼，什么话也未说，看来他已司空见惯。那时我20岁，尚未觅偶，不过心中却暗暗祈祷："生子当如此儿！"

我很崇敬这对父母，认为他们简直是培养雄性的行家。

对待男孩，不必有太多的呵护，松开你捧着、掖着的双手，让他们从摸爬滚打中成长，当有一天他们从生活的泥淖中站起来的时候，他们将拥有一副折不弯、压不软的硬骨头。

温室的花朵是经不起风雨的，过多地呵护和娇纵养出的孩子经不起生活的考验，这样的男孩必将在未来的社会中尝尽苦头。

别让"富二代"成为败家子的代名词

"富二代"一词最早出现在世人面前，是在一个访谈栏目中。该栏目对"富二代"的定义是：80年代出生、继承上亿家产的富家子女，他们被称为富二代。

这些孩子，他们没有经历过汗与泪的拼搏，家长无偿地给予一切，导致他们从来不去想东西是从哪里来的，也不懂得珍惜眼下所得到的一切。于是随着这些孩子的成长，他们越来越多地展示了自己的无知与张狂。如今，他们仰仗着父辈的财富在同龄人中无疑很耀眼，然而以后走到了社会上，"富二代"很容易成为事业失败的同义词。明智的"富一代"父母确实要想一想如何让孩子的生活少一点富裕，让他们体会到自力更生的感觉。

美国人比中国人更早地尝到富裕的滋味，相应的，"富二代"也出现在美国。美国的一份调查报告显示：在继承 15 万美元以上财产的小孩中，有两成左右会放弃进取，多数会一事无成。他们得到的越多，反而会越不满足。"好好对待你的小孩，不要给他们太多的财富。"在美国最新的《商业周刊》中首次出现了"富裕病"这个词，指的是那些由于父母给予的太多而使小孩过度地沉湎于物质、生活失去了目标的现象。这个词是由"富裕"和"流感"两个词合成。

在美国的家族企业中，到第二代还能够存在的只有 30%，到了第三代还能存在的只有 12%，到了第四代还能够保持旺盛生命力的就只剩下 3% 了。在美国的破产族中有超过七成是来自于中产阶级或是高收入的家庭。这些破产者失败的原因并不是因为他们资源太少，而是他们在成长的过程中资源的供给非常充裕，甚至是太过充裕了。

许多人都会认为得到的物质越多，人就会越满足。事实上，耶鲁大学的罗伯·连恩教授在"幸福的丧失"这一研究中就已经发现：当人的需求与供给刚好对等的时候，满足感与愉悦感是最高的。而过多的供给反而让人比物质匮乏的时候更为失落。而现在美国很多物质过剩的白金小孩中就有很多是"被满足感剥夺"的一代。哥伦比亚大学也曾经进行过相关的研究，认为富有的小孩比较容易出现物质滥用、焦虑、抑郁等问题。很多出生在富裕家庭的孩子会一生孤独，出现不同程度的精神问题甚至会做出违法乱纪的事情。

明智的父母确实要"思身后之事"，为下一代的考虑不仅仅是如何让他们的生活更舒适，而是怎样让孩子们的生活能够少一点富裕。

美国的百万富翁在 10 年的时间内增长了 400%，使得如今的美国人对财富出现了反思的浪潮。在全美国，在 320 万名百万富翁中约有 60 万人会因为担心宠坏孩子而捐出大笔的财产。他们只将其中很有限的一笔钱留给子女，可以够他们来买房子，受教育，如果还想得到其他的就要靠自己去挣。

惠普的创办人之一帕卡德在临终之前，捐出了他一生财产的 50 多亿美元，他的子女在接受媒体采访的时候表示，健康、正常的遗产捐赠有利于子女的成长、成才和社会的发展，将巨额财产捐献出去，下一代才能得到重新创业的乐趣，"乐趣不在于拥有，而在于创造。"

连续 13 年蝉联全球富人排行榜第一名的微软创办人比尔·盖茨，他的身家有 500 亿，而他只会留其中的五百分之一给自己的孩子，剩余的财富全部用来做慈善事业。

美国人的这些做法，对于富裕人口不断增加的华人社会来讲，如何给予孩子恰当的资源和金钱也是前所未有的挑战。让孩子走出优越感，教导孩子树立正确的用钱观念，做到自己对自己负责，恐怕就是最好的方法。

中国人常常说"富不过三代"，但这并非是打不破的魔咒。深入了解一些能够富好几代的家族就可以发现，他们对如何与财富相处都有非常严谨的教养。比如德国最老的投资银行梅兹乐家族富过三代的秘诀就是：不把孩子关进"金鸟笼"。他们的小孩上的是同地区最普通的学校，每天是走路或者搭公交车去上学，与所有的同学一起玩耍，一起生活，吃同样的食物。

对孩子进行正确的财富教育才是最好的良方，让孩子认同自力更生的价值观才能够使他们的一生处于不败的地位。现在的父母应该培养男孩具有三大财富能力：正确运用金钱的能力、处理物质欲望的能力、了解匮乏与金钱极限的能力。这些能力形成的背后使男孩懂得自己对自己负责，自己可以自主解决自己的问题。

有益于男孩的"穷养"智慧

"小皇帝"们明天何去何从

俗话说："穷人的孩子早当家。"要让男孩了解点家情，让他知道你在做什么样的工作，从而学会体谅大人持家的不易。有必要的话，做父母的还可以带自己的男孩去看看自己的工作环境与工作情况，让男孩亲眼看见你工作的辛苦与劳累，告诉男孩这样做一天可以赚多少钱，让男孩更懂得珍惜所拥有的一切。

现实中有些父母尽管自身有许多生活艰辛和身体病痛，但他们总是竭力在男孩面前掩饰，错以为这是爱男孩，却不知是害了孩子。生活中有苦才有乐，家长不要刻意去掩饰生活的另一面，而应让男孩从小学会分担你的痛苦和艰辛，理解生活的不易，长大后他才会珍惜眼前的生活，才会以真诚之心关爱别人。

也许，许多父母曾经受过很多苦，当他们日子好起来时，便把所有的宠爱都给了孩子，借以补偿自己童年的缺失。像这样在溺爱的环境中长大，没有任何自理和自立能力的孩子，在成年之后，会遇到很多本该在青少年时遇到的问题，但适应能力又不如青少年时期好。

一个商人有两个儿子。父亲宠爱大儿子，想把自己的全部财产都留给他。但是母亲很可怜小儿子，她请求丈夫先不要宣布分财产的事。商人听从了妻子的劝告，暂时没有宣布分财产的决定。

有一天，母亲坐在窗前哭泣，一位过路人看见了，就走上前来，问她为什么哭得这么伤心。她说："我怎么能不伤心呢？我很疼爱两个儿子，可是我的丈夫却想把全部财产留给大儿子，小儿子什么也得不到。我请求丈夫先不要向儿子们宣布他的决定，但是我到现在也没有想出更好的办法。"过路人说："这个问题很容易解决。你只管让丈夫向两个儿子宣布，大儿子将得到全部财产，小儿子什么也得不到。以后他们将各得其所。"

小儿子一听说自己什么也得不到，就离开家外出谋生去了。他在那里学会了许多手艺，增长了知识。大儿子一直依赖父亲生活，父亲去世后，大儿子什么都不会干，最后把自己所有的财产都花光了。而小儿子在外面学会了挣钱的本事，变成了富翁。

许多父母通过这个故事告诉孩子：只有摆脱对父母的依赖，拥有智慧又能维持生计的人，他以后的人生才会走对路。

生活并不是一帆风顺的，是有艰辛的。作为家长，当遇到不如意的事情时，应该把实际情况实实在在地讲给孩子听，让孩子明白生活的艰辛。让孩子直接面对，和家长共同承担起家庭生活的艰辛。要通过活生生的事实告诉孩子，生活就是这样，它既会造就幸福，也会带来痛苦。我们生活在这个世界上，唯有直面人生，通过自己最大的努力，才能掌握命运，创造美好的未来。家长要教育孩子从小懂得这些，这才是对孩子最大的关心和爱护。

许多男孩一直过着饭来张口、衣来伸手的生活，只要有需要，就可以毫不费力地从父母处要到钱。但对于这些钱是怎么来的，他们从来没想过。

父母不妨带孩子到自己的工作场所去参观一下。通过这些，让他知道钱是从哪里来的，了解钱的来之不易，了解钱在生活中扮演的重要角色，男孩会反思自己的消费行为和消费习惯，他们会主动想着去挣钱，而不是随时伸手向父母要钱。

"石油大王"约翰·戴维森·洛克菲勒，从小家教很严，靠给父亲做"雇工"挣零花钱。他清晨便到田里干农活，有时帮母亲挤牛奶。他有一个专用于记账的小本子，把自己每天做的工作记下来，然后按每小时0.37美元与父亲结算。洛克菲勒在做这些工作和记账的时候都非常认真，他觉得从中能得到无穷的趣味。更有意思的是，洛克菲勒的第二代、第三代乃至第四代，也都延续了这种"打工"挣钱的做法，一旦谁想不劳而获，就别想得到一分钱的费用。

洛克菲勒这样做并非家中贫困，也不是父母虐待孩子，只不过是延续了犹太教育中"要花钱，自己挣"的传统。那小账本上记载的何止是一笔流水账，而是孩子接受磨难和考验的经历！

在其他一些发达国家的家庭里，家长也都很注重孩子"独立赚钱"能力的培养。在日本，许多学生利用课余时间在饭店洗碗、端盘子，在商店售货或照顾老人，做家教等赚取学费和零花钱。在美国，七八岁的小孩就成了"小生意人"，出售他们的"商品"挣钱零用。

孩子终有一天要长大，也终有一天要走向社会，如果不让这朵"温室的花朵"接受外界的风吹雨打，它如何能茁壮成长？当孩子下次向你要钱时，请毫不客气地告诉他：要花钱，自己挣！

再富也要穷孩子

李昂刚下班，儿子就贴了上来："老爸，给我买个折叠的手机吧？"

李昂有点吃惊："你的手机不是去年新买的吗？"

儿子撇嘴道："老土了吧您，现在的直板手机谁还敢拿出来啊？今年最流行翻盖能拍照的。"

李昂的儿子今年才16岁，穿的和用的却样样讲究名牌。若父母不满足他的要求，他就会赌气不吃饭，不上学，也不和父母说话。

这样的情景相信很多高中生家长都或多或少经历过。家长们无奈叹息之余，可能都会感慨，孩子越大越能花钱了，而且他们花钱不心疼的劲头完全可以用一掷千金来形容。

现在，许多家庭物质条件好了，又只有一个孩子，所以家长一门心思地想让孩子尽量过得舒服些，孩子要什么就给什么，口袋里零花钱不断，如今随便从一个孩子的身上掏出一百元钱，不是什么稀奇事。孩子手里钱多了，家长应该感到欣慰，因为这毕竟是人们生活水平提高的一种体现。但是孩子手里的钱多了，也令人担忧。

靠工资生活的"工薪族"在购买商品时未免有些踌躇，很难真正潇洒起来。然而，和"工薪族"相比，一些没有任何收入的男孩们却先"富"了起来，着着实实地"潇洒"：穿的是"彪马"或"耐克"名牌运动服，用的是"派克"金笔、日本进口卷笔刀、高级文具盒，骑的是近千元的赛车，累了就到麦当劳吃汉堡和冰激凌，那种派头令每月靠工资生活的父母们叫苦不迭。

在发达国家，人们生活普遍比较富裕，但大多数富人对孩子要求甚严。他们生活保持低标准，并不鼓励孩子纵欲使性，为的是砥砺孩子的意志，培养孩子艰苦的品质，不让他们堕落成钱多智少的庸才。

悉尼一家妇产科医院曾出现过这样一幕：一对夫妻来做二胎产前检查，妻子进诊室面见医生去了，丈夫便带着两岁的儿子在外面大厅等候。少顷，儿子闹着要喝水，于是那父亲便在身旁的自动售货机上顺手扯了一个免费纸杯，进厕所接了一杯自来水递到孩子手里（自来水经过净化，可以饮用）——那父亲不是买不到饮料，自动售货机正出售一元一杯的可口可乐和橙汁，而他也不是买不起饮料，据说，他是一家体育用品公司的主管，年薪15万澳元。

让男孩们"穷"着点实际上是为他们的未来着想。我们应该思索对男孩的爱护是不是太多了？养尊处优并不是父母送给孩子的最好礼物，恰恰可能埋下祸根。倒是那些从小就挣扎在社会最底层的人们，没有别的出路，没有任何指靠，只有以死相争，常常可以出人头地地建功立业。理性的家长用金钱为孩子健康成长提供基本条件，而不是让孩子在挥霍金钱中消磨意志，自毁前程。

财富 ≠ 幸福

我们知道财富需要靠劳动换得，但是在男孩眼里，金钱和信用卡可以帮他们买到玩具、零食，可以让他们在游乐园尽情狂欢，也可以让他们享受很好的生活。而且男孩往往会认为，父母的金钱就像蘑菇，取走以后自然就会长出新的，这样的误解让孩子不懂得感恩，也不知道节俭。失去感恩和节俭意识的人，也就失去了很多快乐。

要让男孩明白财富与幸福的关系，对父母来说不是一件轻松的事情，很多成年人自己也没有找到财富与幸福的平衡点。因此，让我们在幸福教育之前，先补上这一课。

有人将财富比成万恶之源，也有人视财富为毕生的目标。其实，财富终究只是一种中介，通过它去换回自己想要的东西，在这个过程中，我们体会到幸福。财富与幸福之间未必会有正比的关系，更多财富并没有带来更多幸福。

例如，二战以来美国人的收入连翻三倍，大约有1/3的人在1950年接受调查时说他们"非常快乐"，现在这个比例并没有明显变化。世界变得越来越富足了，不过人们的幸福感觉并没有像财富一样翻番。这种现象可以用"适应效应"来解释：人们对生活水准的提高很快作出心理调整，就像彩票中奖者兴奋一段时间以后，就会回到原来的幸福感水平上。

其实，有一个更主要的原因埋藏在我们的潜意识当中：我们大多数人追求的幸福，实际上是相对的。也就是说，只有在自己比他人得到更多时，我们才会有更多的幸福感。生活在北京的人与生活在武汉的人，平均收入会有较大的差距，但拥有幸福感的人群比例，却不会有什么差距。我们常问自己"我的房子是不是比邻居的更漂亮？"而不是"我的房子是不是够用？"

人们对待财富往往不能心平气和，所幸财富也不是快乐的唯一源泉。在财富满足基本生活所需之后，它对生活的乐趣没有多少真正的影响。与朋友或家人聊天、听音乐、帮助他人等都对幸福有比财富更大的影响力。那些最让人感到幸福的东西，譬如爱、朋友、家庭、尊重、对生命价值的信念等，都不是钱可以买到的。

怎样做一个幸福快乐的人？心理学家调查发现，最快乐的人和最消沉的人之间最大的差别在于，他们与朋友、家人之间的紧密联系，以及愿意花时间和他们在一起的许诺。友好、感激和爱更能带来快乐，因为付出让人感到自身对他人的价值，给人生带来意义。

在对幸福和财富的关系做了如此大量的充电工作之后，父母不妨再想想自己的生活经验，自己快乐吗？最快乐的时候是怎样的情况？相信很多人会想到和家人在一起的快乐时光，得到别人的肯定以后的激动和欢欣，看到孩子小小的进步时的宽慰和惊喜……既然如此，孩子的疑惑也就能顺利解开了，因为生命中的幸福已在你心中，幸福就是选择好自己的心态，怀着感恩的心去面对人生。

告诉男孩：得到需要付出

男孩经常是看到什么好吃的、好玩的东西都想要，如果家长一味地给予满足，很可能会把男孩娇惯得不成样子。家长要同时帮助男孩树立两种意识，一是让男孩有信心"不管想要什么都可以得到"，另一方面也要告诉男孩一定要努力争取才能得到。

小克莱门斯的老师玛丽是一位虔诚的基督徒，每次上课之前，她都要领着孩子们进行祈祷。有一天，玛丽老师给孩子们讲解《圣经》，当讲到"祈祷，就会获得一切"的时候，小克莱门斯忍不住站了起来，他问道："如果我祈祷上帝，他会给我想要的东西吗？""是的，孩子，只要你愿意虔诚地祈祷，你就会得到你想要的东西。"

小克莱门斯当时的梦想是得到一块很大很大的面包，因为他从来没有吃过那样诱人的面包。而他的同桌——一个金头发的小姑娘每天都会带着一块这么诱人的面包来到学校。她常常问小克莱门斯要不要尝一口，小克莱门斯每次都坚定地摇头，但他的心是痛苦的。

　　放学的时候，小克莱门斯对小姑娘说："明天我也会有一块大面包。"回到家后，小克莱门斯关起门，无比虔诚地祈祷，他相信上帝已经看见了自己的表情，上帝一定会被自己的诚心感动！然而，第二天起床后，当他把手伸进书包的时候，除了一本破旧的课本，什么也没有发现。他决定每天晚上坚持祈祷，一定要等到面包降临。

　　后来，金头发的小姑娘笑着问小克莱门斯："你的面包呢？"

　　小克莱门斯已经无法继续自己的祈祷了。他告诉小姑娘，上帝也许根本就没有看见自己在进行多么虔诚的祈祷，因为，每天肯定有无数的孩子都进行着这样的祈祷，而上帝只有一个，他怎么会忙得过来？小姑娘笑着说："原来祈祷的人都是为了一块面包，但一块面包用几个硬币就可以买到，人们为什么要花费这么多的时间去祈祷，而不是去赚钱买面包呢？"

　　小克莱门斯决定不再祈祷。他相信小姑娘所说的正是自己想要知道的——只有通过实际的工作来获得自己想要的东西。而祈祷永远只能让你停留在等待中。小克莱门斯对自己说："我不要再为一件卑微的小东西祈祷了。"他带着对生活的坚定信心走向了新的道路。

　　多年以后，小克莱门斯长大成人，当他用笔名马克·吐温发表作品的时候，他已经是勤奋而且多产的作家了。他再没有祈祷，因为在无数个艰难的日子中，他都记着："不要为卑微的东西祈祷！只有自己通过努力和辛勤的汗水换来的收获才是最真实的。也只有勤奋才是通向成功的必由之路。"

　　现在的孩子，往往是想要什么，家长都会给予满足，实际上这样的做法对男孩的成长是有害的，很容易把孩子娇惯得不成样子。父母的"有求必应"使这些孩子感到对于所有的要求都是那么容易就可以轻而易举地得到，也就无法体会到得之不易的过程，因而也就不会去珍惜，反而觉得这些都是理所应当的。如果父母告诉孩子得到一件东西是要经过努力的，或者给孩子制造一些障碍，那么孩子就会感到原来想得到什么都要付出才行，这对于他们日后的学习生活会有很大帮助。

　　父母是男孩最好的老师，在男孩的成长过程中有着很大的影响力。在孩子养成勤奋的品格上父母也可以发挥巨大的作用。父母的勤奋刻苦，往往会以一种无形的力量影响着孩子，使孩子在勤奋的伴随下走向成功。我们应该从小就培养男孩懂得自我约束，同时帮助他树立"想要的东西都可以通过努力得到"的信心。

理智爱孩子，主动让男孩吃点苦

为了不忘过去最困难的日子，日本一家学校给孩子们做了"忆苦饭"，结果，孩子们面对当年大人吃过的糠菜号啕大哭，拒食3天。校方毫不动摇，第4天，孩子终于咽下了这顿忆苦饭。在日本的许多孤岛或森林里，人们常常可以看见日本小学生的身影。他们在无老师带领的情况下，面对着既无水源又无淡水的可怕自然界，安营扎寨，寻觅野果，捡拾柴草，寻找水源，独立生存。一位孩子从荒岛归来后，感慨地对老师说："我以前以为我们享受的一切现代化设施都是本来就有的，荒岛的历险才使我明白，人生来两手空空，一切都是劳动创造的。过去老师讲劳动光荣，我们感到很空洞，如今才真正理解了这个词的含义。"

男孩们长大了早晚要离开父母去独自闯一片天地，与其让他们那时面对挫折惶惑无助，不如让他们从小摔摔打打，"穷"出应对人生的能力和本事。家长要做的就是要培养男孩这样一种适应一切压力的能力，让他变得积极进取、有主见、有雄心、理智、自我依靠，只有掌握了这一点，男孩才能掌握自己的人生，才能让他身边的人和他一起享有幸福。

现在的社会，对于精英人士的要求往往越来越高了，男人如果想占有一席之地，不得不面对激烈的竞争。所以，家长从小就要把男孩当成男子汉来培养，优秀的男孩应具有独立的思考能力，具有吃苦的精神，所以家长要从小培养男孩自立、坚强、进取的精神。

首先，要让男孩懂得自立。

告诉男孩，自己的事情要自己负责，在家里，男孩要自己独立打扫房间，清理自己的物品。在学习上，要养成独立思考的好习惯，这样的孩子能独立思考问题，能有主见，为以后的成功打下基础。

其次，家长可以帮助男孩设置一些生活中的障碍。

　　在生活中，家长可以设置一些挫折，让男孩来面对。可以鼓励男孩参加社会实践，比如卖报纸、参加夏令营等。西方很多国家的男孩在 10 岁以后就到外面打工，锻炼自己，接触社会，培养自己的吃苦精神。

　　再次，家长可以与男孩一起吃苦。

　　现在很多家长由于工作繁忙，与男孩的沟通越来越少，造成了父母与孩子之间的代沟越来越大。弥补这个缺陷的最好方法，就是家长要尽可能多和孩子在一起。父母可以与孩子一起参加晨跑，参加体育运动，这样既可以增加与男孩沟通的机会，同样也可让男孩得到锻炼。

"穷养"出上进的男子汉

为何穷人的孩子早当家

　　中国香港地区前任的特首曾荫权在中学毕业之后考上了中国香港大学，但是他家境贫穷，拿不出学费来供他上学。无奈之下，他只好放弃了去大学读书，到一家药品公司当推销员，小小年纪就尝尽了人生的苦辣。几年之后他考上了公务员，由政府送到哈佛大学深造，攻读博士学位。后来他一步一步走到了今天，有了现在的成就。

　　从一位推销员到成为一名行政区的特首，这中间需要多少努力才能达到？

　　也许，这就是"穷人的孩子早当家"的道理，为什么要这样说呢？相信答案只有一个，那就是自强。正因为家境贫穷，他们才会不断地拼搏努力，除了这一条路没有其他的路可以走，是这样的环境迫使他们学会了自强。

　　当然，穷的含义并不只是家庭经济这一个方面。贫困的意义很广，陷入了困境，都算是一种贫困。常言道："自古英雄出贫贱，纨绔子弟少伟男"，因为在顺境中的人容易受到迷惑，他们往往会贪图享受，不思进取，不知道苦难为何物，所以没有志向。没有进取心的人，又怎么会有成就呢？而身处逆境中的人则不同，他们饱受磨难，一次次与命运和苦难作斗争。人如果没有动力就不知道奋进，这正是处于顺境中的人所不具备的。

现在的社会，工业化、数字化、信息化的进程过快，导致现在的青少年心智成熟较缓慢。也可以说是由于经济基础决定了孩子的心智成熟缓慢。美国的专家做过这方面的研究：20 年前美国的青少年心智成熟是在 15 岁，而现在美国的青少年要到 25 岁至 30 岁心智才成熟。为什么会出现这样的倒退呢？很重要的一个原因就是工业化的进程太快，孩子的物质条件太优越，动手机会和实践次数都大大减少了。而穷人家的孩子则不是，他们的生活压力大，要做很多家务劳动和其他事务。所以"穷人的孩子早当家"一说，是有科学道理的。

家长要想让生活在富裕环境中的男孩早一些自强自立，可以鼓励孩子多经受挑战、经受磨炼，以此来促进男孩心智的发育。

对男孩严而有格，严而有度

茅盾 5 岁那年，父母就商量应该给儿子进行早期的启蒙教育。当时茅盾进的私塾学习气氛不好，父母担心他得不到严格训练，会养成不良习惯，便决定自己教儿子。他们自己找了教材，还根据历史古书编成儿童易懂的歌曲教给孩子，或者是把晦涩的历史文献讲成一个个小故事，由母亲来讲给孩子听。这些早期的家庭教育，对茅盾形象思维的形成起到了重要的作用。

茅盾 10 岁那年父亲病逝，教导孩子的重任就落在了母亲一个人身上。母亲怕茅盾落下功课，便让茅盾拿课本来自己教他。有时候茅盾在学习上遇到了问题，母亲总是严加管教，毫无情面可言。

茅盾小学毕业，征求母亲的意见，是上师范院校，还是读自己喜欢的工科。虽然母亲独自一人艰辛地抚养着两个孩子，但她还是让茅盾上了工科。

虽然离开了家，但是母亲也没有放松对儿子的管教和关心，茅盾也经常把自己发表的作品或是和弟弟通的信寄回去给母亲看。

茅盾快结婚的时候，母亲担心他和目不识丁的未婚妻在一起没有共同的人生追求，就想帮他把婚事退了，但是茅盾害怕退婚给母亲添麻烦，就想把未婚妻娶过来，让母亲教她识字，于是第二年，母亲就为儿子办了婚事。

后来，在茅盾弟弟的教育问题上，母亲也体现出了极大的严而有格、严而有度。茅盾的弟弟在工科学业即将结束的时候受新思想影响，响应革命的需求要东渡日本专心研究政治，但此时离他毕业只有短短的半年时间了。茅盾很反对弟弟的选择，但母亲看小儿子的去意已决，便同意了儿子的要求。

茅盾母亲在教育孩子的时候懂得宽严相济，既不一味地强求孩子服从自己的管教，也不纵容孩子不好的习惯，这点值得很多父母好好学习。

在我们现在的家庭中，一般情况下男孩和母亲在一起的时间大大多于和父亲相处的时间，母亲在男孩的早期家庭教育中扮演着很重要的角色。可是有的母亲爱子心切，常常过度地溺爱自己的孩子，往往是男孩主宰着家长的一切。

儿童教育学家和幼教工作者普遍认为：对孩子应当宽严相济。该严的时候严，父母才能在孩子面前树立起应有的威信；该宽的时候宽，孩子才能够不被束缚，收到良好的教育效果。父母应该怎样对男孩进行家庭教育呢？

第一，对男孩宽而有度。

对于男孩无理的要求，父母要果断拒绝，比如孩子看到其他小朋友的汽车模型很漂亮，非要让父母也给他买一个；吃饭的时候看到自己喜欢吃的东西就拿到自己面前，不给其他人吃；吵着闹着非要在吃饭的时候吃冰激凌。家长只要答应了孩子无理的要求，就必然失去了自己的威信。

第二，对男孩严而有度。

在父母管教过严的家庭环境下长大的孩子，往往性格懦弱、没有主见、遇事慌张。家长过度限制孩子的自由，处处指责，也会影响他们自身各方面能力的提高，限制孩子的发展。

第三，对男孩的严加管教要讲究方法。

当孩子做错事情的时候，比如逃学、不交作业、打骂同学，父母千万不要一味地打骂孩子，粗鲁的管教方式往往只能收到适得其反的效果。

第四，男孩的人格独立平等。

在良好的家庭环境中，家长和孩子的人格应保持平等，父母不应该因孩子年纪小而漠视他在家中的地位。平等是营造良好的家庭氛围的前提。

父母、子女任何一方的优越感都会对其他家庭成员造成心理压力，使双方产生心理隔阂。

穷是锻炼人格的资本

一个研究《塔木德》的犹太学者刚刚结束他的学习生涯，到艾黎扎拉比那里，请求给他写封推荐信。

"我的孩子，"艾黎扎拉比对他说，"你必须面对严酷的现实。如果你想写作充满知识的书，你就必须像小贩那样，带着坛坛罐罐，挨门挨户地兜售，忍饥挨饿直到40岁。"

"那我到40岁以后会怎么样？"年轻的学者满怀希望地问。

拉比鼓励地笑了："到了40岁以后，你就会很习惯这一切了。"

这一则小故事被许多犹太人熟知，他们用这样的故事教育后代苦难是不可避免的。苦难教育对一个人的一生影响深远，很多人总是逃避苦难，不愿意去品尝，但要知道，只有经历苦难，才能从苦难中汲取动力和能量，只有真正懂得苦难的含义，才能品出苦难赋予它的甜。

对于苦难，任何人都会有一种不由自主想要逃避的心理，殊不知，经历了苦难之后的生活才能更甜。所以，交给孩子拼的本领，他才能够明白究竟什么才是真的甜。

让男孩的心理上经得起挫败，关键就是要他能"缩小"自己，不要有唯我独尊的意识，在看问题的时候能够从别人的角度来看，那么他就不会轻易被一件小事情打败了。

然而，现在的很多家庭，家长不舍得孩子吃苦，他们动辄"宝贝宝贝"地叫着，恨不得为孩子做一切。在这样的教育下，孩子好吃懒做、娇气任性，还缺乏责任心、感恩心。站在孩子的角度想一想：很多事情没有经历，不知道生活还有不如意的一面，很多东西从来都是像天上掉下来的一样容易，不需要费一点心力，这个时候，他怎么有机会、有能力去承担生活给他的各种考验呢？

现在的男孩，尤其是那些家境优越的男孩，他们从来没有认真努力过，总认为一切都不用愁，自有父母安排。这样的孩子就是缺乏了危机的意识，当真正的困难来临的时候，他们很可能被彻底打败。在任何情况之下都保持着高度的警惕，才能更好地掌握自己的命运。

有这样一个实验：科学家把一只青蛙放在滚热的油锅旁边，在快到油面的时候，那只青蛙竟然跳离了油锅；可是，当把这只青蛙放进盛满水的锅里时，下面再放火煮，水越来越热，青蛙却已离不开锅，最后被煮死了。

给男孩进行苦难教育，男孩才能真正强大。那么应如何培养男孩的危机意识呢？可以用以下几种方法：

第一，家长不用担心给男孩的物质条件不够或者觉得自己孩子穿的吃的比不上别的孩子，应当明确告诉孩子，家里条件没他想象的好，父母挣钱不容易。如果希望得到更好的东西，那么要通过自己的努力来实现。

第二，在培养男孩危机意识的过程中，不应该一味地批评和限制，当孩子有一些进步时，比如懂得节俭了。父母也应当不失时机地加以表彰和鼓励。

第三，要使男孩的危机意识成为一种思考习惯。在男孩小时候，就告诉他：不努力马上就会有危机，你立刻就会得不到你想要的好东西。先让他在脑子里形成这种条件反射和好的习惯。当他慢慢长大时，再不断地向他灌输奋斗、进取的意义。

第五章 ▷

塑造美好心灵
——培养男孩好品质

品德，造就优秀男孩的点金石

奠定人格长城的基础是美德

人们都喜欢具有高尚品德的人，排斥品行恶劣的人。良好的品德就是影响力，是社会交往中的通行证。它可以帮助人获得事业的成功，赢得友谊，获得尊重与爱戴。

一位教育家曾说过："优秀的品德，只有从孩子还在摇篮之中时开始陶冶，才有希望，在孩子心灵中播下美德的种子，越早越好。"一个品性高洁的男孩会让人倍加推崇。因此，培养男孩优良的品德，等于为孩子的社会生活能力加分。

美德，就是指一个人高尚的道德行为和优良的道德品质。陶行知说："建筑人格长城的基础就是美德。"在我们这个有着传统美德的文明古国，历来最看重、最讲究的就是要以德服人。道理能征服人，主要靠真理的力量；道德能征服人，主要靠人格的力量。

对男孩来说，培养他的美德，要从身边做起。

苏联教育家苏霍姆林基对他的学生第一个要求就是要爱妈妈，他说：如果一个孩子连他妈妈也不爱，他还会爱别人，爱家乡，爱祖国吗？

如果没有家庭的高度教育素养，那么不管老师付出多大的努力，都收不到完美的效果。学校里一切问题都会在家庭里折射出来，而学校复杂的教育过程产生的一切困难的根源也都可以追溯到家长。没有家庭教育的学校和没有学校教育的家庭不可能完成造就全面发展的人这一极其细致艰巨的工程。

美德无价，它让一个人高贵而充满魅力。正如大哲人培根所说："美德好比宝石，它在朴素背景的衬托下反而更华丽。同样，一个打扮并不华贵，却端庄、严肃而有美德的人令人肃然起敬。"因此美德对男女来说又具有不同的功能：女孩的美德是雅致，带来的是幸福的生活和悠闲的节奏；而男孩的美德则是雅量，带来的是荣耀。

在家庭教育中，家长应营造一个适于美德教育的环境。家长首先要培养男孩的恒心和毅力，勤于动手和动脑，不要半途而废，见异思迁。其次，培养男孩的进取精神和不断追求的竞争意识。

其实，"人之初，如玉璞，性与情，俱可塑"。家长对男孩的教育和影响，对男孩具有先入为主和潜移默化的作用，家风家教对男孩能否健康成长至关重要。教育孩子，说理固然重要，但言之无物，唠叨过多，易成为空洞的说教，往往教而无效。家长首先必须严格要求自己，继承和发扬"文明、诚信、勤奋、俭朴"的家庭美德，潜移默化地影响男孩。如"其身不正"，必然"虽令不从"。因此，要把孩子培养成文明、诚实、勤俭、好学的一代新人，家长首先必须是一个好家长。

总之，让男孩拥有美德，是让他走向美好人生的基础。良好的德行对男孩意义极其重大，甚至决定了孩子今后的生活质量。因此，培养男孩良好的品德和气质应是教子的第一要务。

优秀品德，从小培养

野蛮产生野蛮，仁爱产生仁爱，这就是真理。待男孩没有同情心，他就变得没有同情心；而以应有的友情对待他们，就是培养他们友情的最好手段。

孩子3岁了，每一次看见一只蚂蚁，也许别的母亲会鼓励她的孩子去一脚踩死那只蚂蚁来锻炼他的胆量，可是这个孩子的母亲却柔声地对他说："儿子，你看它好乖哦！蚂蚁妈妈一定很疼爱她的宝宝呢！"于是小孩就趴在一旁惊喜地看那只蚂蚁宝宝。蚂蚁遇见障碍物过不去了，小孩就用小手搭桥让它爬过去。母亲一脸欣喜。

后来，孩子上幼儿园了。有一次，他吃完了香蕉随手乱扔香蕉皮。她没有像一些母亲那样视而不见，而是让他捡起来，带着他丢进果皮箱里。然后给他讲了一个故事：一个小女孩，在妈妈的熏陶下，她总要把垃圾扔进果皮箱里。有一次马路对面才有果皮箱，她就过马路去丢雪糕纸。妈妈看着她走过去。然而一辆车飞奔过来，小女孩像一只蝴蝶一样飞走了。她妈妈就疯了，每天都在那个地方捡别人丢下的垃圾。当地人被感动了，从此不再乱丢垃圾。他们把那些绿色的果皮箱擦得一尘不染，在每一个果皮箱上都贴上小女孩的名字和美丽的相片。从此，那个城市成了一座永远美丽的城市。故事讲完了，孩子的眼睛湿润了。他说："妈妈，我再也不乱扔东西了。"

转眼间，孩子上小学了。一个清晨，有人打电话通知母亲，说儿子在值日时没有把窗户关严，风把两块玻璃刮破了。母亲马上意识到这事在这个管理甚严的学校里意味着什么。

中午，母亲找来昨天值日的儿子。儿子怯怯地说："昨晚放学时，教室里有两只蝴蝶，赶来赶去，总有一只飞不出教室。我只好开着一扇窗户，好让外面的飞进来，或者里面的飞出去，让它们结伴去玩，想不到会被大风刮破了玻璃……"

儿子几乎落泪地嗫嚅着说愿意赔这两块玻璃。妈妈一直没有说话，待他说完后，摸了摸他的头发说："没事了，去玩吧。"

后来母亲去了财务室："这两块玻璃的钱，我现在就掏……"

也许这个孩子就是你、我、他，也许这位母亲就是你、我、他的母亲。这个极聪明又伟大的母亲懂得在孩子的成长中发现那一点点善良和爱心，懂得从小培养孩子的美好品德。而你是否也能在孩子小时候培养他的美德呢？家长应善于从细微的地方发现孩子的品德，并及时给予指导。对于男孩无意中做出的美德行为充分表达你的赞赏，而对于不好的行为也及时批评并指正。

理想的人是品德、健康、才能三位一体的人。只重视对男孩身体健康的锻炼，男孩将成为四肢发达、头脑简单的人；只重视智能教育，男孩会成为弱不禁风的病夫；只重视品德教育，男孩也会成为病夫、懦夫。这三种人对社会、对人类都是无用的，因此，男孩的教育必须全面进行。而品德的教育尤为重要。

教育男孩不仅要发展他们的智力，同时要培养他们的品德。我们已有了大量关于早期教育造就天才的个案，如一些大音乐家、大美术家、大文学家、大科学家的产生，就离不开早期教育。美国著名学者斯特娜夫人指出，如同智力的培养需要从孩子一出生就开始一样，孩子的优秀品德也必须从摇篮时期开始熏陶，否则是没有任何希望的。对孩子进行道德教育越早越好。普林斯博士说："孩子的道德教育应从摇篮时期开始，因为当今社会所缺乏的不是头脑而是品德。"

对于男孩品德的教育，父母的作用非常重要。在男孩品德的培养中，父母之所以起到举足轻重的作用，主要因为父母是陪伴孩子的第一人，也是时间最长的人，他们的一言一行都成为孩子模仿的对象。

因此说，不注意培养男孩品德的父母，是没有尽到做父母的责任的。比如，父亲好喝酒，儿子也会喝酒；父亲管不住自己的嘴，儿子也会如此。同样，母亲喜欢化妆，女儿也必然是爱打扮的；母亲是个长舌妇，女儿也不例外。这已成为社会上的定律。

正如有人所说，孩子的心灵是一块奇妙的土地，播上思想的种子，就会获得行为的收获；播上行为的种子，就能获得习惯的收获；播上习惯的种子，就能获得品德的收获；播上品德的种子，就能得到命运的收获。因此说，男孩的命运掌握在父母的手中。父母应严格要求男孩以及自己，努力培养男孩好的品德。

消除孩子心中理所当然被爱的感受

相信大多数的家长都可以为孩子做出任何牺牲，且从不要求回报。但是如果家长表达爱的方式不对，就会让孩子们误认为父母为他所做的一切都是他理所应当该得到的。长此以往，孩子很容易变得以自我为中心，目中无人。

曾几何时，我们误信报刊舆论中的道听途说，总是觉得美国人对亲情很淡漠，就像电影《狐狸的故事》中演的一样，孩子在刚刚成年的时候就要像老狐狸驱逐小狐狸一样被父母逐出家门。我们似乎觉得美国的父母不懂得为孩子付出，不懂得疼爱孩子。但是美国人对此却不以为然，他们在孩子很小的时候就给孩子灌输这样的一个概念：一切都要靠自己的努力才能得到想要的东西。

有位爸爸来自财富之家，从小接受过最好的教育，是美国较为有名的整形医生。他有三个孩子，现在都在各自的领域里独当一面。这位爸爸在美国看到了太多富家子弟因钱而彻底毁掉的例子，为了避免这种事情的发生，他在孩子们还很小时就给他们立下了规矩：可以帮家人剪草坪或者取报纸等换来一点零用钱，而作为家长，只为孩子提供接受最好教育的经费，仅此而已。如果孩子要旅游、要买车、要租房，都要通过自己的打工来实现。偶尔遇到特殊的情况，家长会借钱给孩子，同时要和孩子签合同，等到孩子有了能力之后要在第一时间偿还。

其实，他有足够的钱可以给孩子，但是一个有责任感的父母要教会孩子应该如何以正确的态度在社会上生存。

这样做的好处是让孩子真正体会到钱的来之不易，而且让孩子体会到自力更生的充实感。反之，一个从小在温室里长大的孩子不会懂得生活的来之不易，也不会懂得理解父母的辛劳，更不会理解父母的一片爱心，他们只是觉得这一切是理所当然的，有什么必要感恩呢？如果一个孩子是抱持着这样的想法，可以断定他也不懂得上进。到头来，父母的一片爱心换来的却是痛苦和悲伤。

当你让孩子明白父母到底都为他做了些什么，你就会感慨，了解事实后的孩子变得懂事了很多。

感恩是男孩人生中重要的一课

感恩是一个人快乐的源泉，也是报答社会的动力。作为家长有责任培养男孩的一颗感恩心，让男孩懂得珍惜自己的生活，珍惜自己所有的东西，也就容易感受到幸福。在怨恨的环境中长大的孩子，往往思想比较偏激，也不容易活得快乐。

感恩节是美国最地道的节日，每当这一天来临的时候，所有的学校、工厂全部放假，亲朋好友围坐在一起吃火鸡，感谢彼此的关照和如今幸福的生活。感恩节，顾名思义，它唤起了美国民众的感恩意识，人们在吃喝玩乐的同时却是不忘感恩，有信仰的基督徒不忘在这个神圣的时刻进行祷告，保罗在《帖撒罗尼迦前书》中说：

"要常常喜乐，不住地祷告，凡事谢恩。感谢认识主耶稣，感谢灵魂得救，感谢神给我的家庭，感谢自己的存在，感谢还可以健康地活着，感谢曾经领受过很多的爱，感谢目前的环境。"

可见，感恩是美国人心目中的常规意识，也是使他们感到快乐的源泉。

一个男孩，如果能够从小就在感恩的环境中长大，那么他一定会生活得很满足，也容易养成自信、乐观、善良的品格，容易感恩的孩子最容易获得这种心境给他带来的报偿，他会变得更加上进，不会辜负周围的人。

而缺乏感恩意识的男孩，无论他的能力多么出色，都难以成为真正意义上的强者，因为社会难以接受和认可不知道感恩的人。父母要想把自己的孩子培养为一个强者，就必须培养孩子的感恩意识，教孩子感恩父母、感恩社会、感恩大自然、感恩每一个人。对生活常怀一颗感恩之心的人，即使遇上再大的灾难，也能熬过去。

"我的手还能活动；我的大脑还能思维；我有终生追求的理想；我有爱我和我爱着的亲人与朋友；对了，我还有一颗感恩的心……"谁能想到这段豁达而美妙的文字，竟出自一位在轮椅上生活了 30 余年的高位截瘫的残疾人——世界科学巨匠霍金。

命运之神对霍金，在常人看来是苛刻得不能再苛刻了：他口不能说，腿不能站，身不能动。可他仍感到自己很富有：一根能活动的手指，一个能思考的大脑……这些都让他感到满足，他对生活充满了感恩之心，因而，他的人生是充实而快乐的。

与霍金相比，有的人什么也不缺，可生活给了他一点磨难，他就开始怨天尤人了。这样的人没有感恩之心，快乐很容易与他失之交臂。

如果一个人真正意识到这一点，那么，他就会感恩大自然的福佑，感恩父母的养育，感恩社会的安定，感恩衣食饱暖，感恩花草鱼虫，感恩苦难逆境，带着感恩的心，促使自己成功。

那么，父母应该怎样来唤起蕴藏在男孩心底的爱心，鼓励他们学会感恩呢？可以试着从以下这些方面来做：

第一，从培养男孩感恩父母开始。父母是男孩最亲近的人，在日常生活中注意培养男孩对自己的爱，有助于男孩形成一种良好的爱别人的习惯。比如吃饭的时候，孩子很饿，还是应该让他等妈妈做完菜一起吃；大家一块儿吃水果的时候，让他把最大的那块留给爸爸，因为爸爸工作很辛苦；奶奶腰疼，就让他给奶奶捶捶背。在生活中一点一滴培养孩子爱别人的能力，其实并不是件难事。

第二，在男孩心中播撒善良的种子。在男孩心里撒下什么样的种子，以后就会收获什么样的果实。可以多给男孩讲一些助人为乐的故事，让男孩明白我们应该帮助需要帮忙的人。平常可以多带男孩去敬老院给老人们送些吃的；为家庭困难的小朋友捐款；看到左邻右舍有困难就主动帮助他们；让孩子爱护身边的小动物，等等。

第三，学会保护男孩的善行。男孩小时候往往没有什么金钱观念，他会把家长给他买的昂贵玩具送给别人，也许原因就是那个小朋友没有。你可以耐心地询问孩子原因，也许他会告诉你，那个小朋友没有爸爸，妈妈没有给他买玩具，所以才送给他。这个时候，要是父母只知道叫孩子去把东西要回来，那孩子的善心可能要被你剥夺了，这是多少钱都换不回来的。

也许还有些时候，男孩会把路边流浪的小猫小狗带回家，给它们找吃的，你如果不想要，可以向孩子讲明白："咱们的家庭不适合养小动物，爸爸妈妈要上班，你要上学，没有人来照顾它，咱们给它重新找个小主人吧。"千万不能直接把小狗小猫扔出去。要保护孩子表现出来的善行，激发他们的爱心，孩子长大成人后就会具有令人欣赏的爱心和善意，彻底与冷漠无缘。

感恩之心的培育，从男孩小的时候就应该着手。每晚睡觉之前，你不妨花一点时间和孩子一起回想一下，今天有什么值得孩子感激的事，比如父亲的一句叮咛、母亲的一顿早餐、邻居的一个致意、同学的善意帮助、老师讲课时忙碌的身影，这些都是生命中爱的体现，都值得孩子去珍惜。

重视积累无形的资本：诚信

人与人之间长久的交往，都是建立在诚实守信的基础之上的。真实地面对自己，真实地面对别人，真实地面对社会，这是不容易的。诚信不仅仅是一种品格，也是成功者必备的素质，在讲求诚信的今天已经格外被人所看中，不容忽视。

《百万富翁的智慧》一书，对美国1300名百万富翁进行了调研。在谈到为什么能成功时，他们没有一个人把成功归于才华。他们说："成功的秘诀在于诚实，有自我约束力，善于与人相处，勤奋。"在这里诚实被摆在第一位。

享誉美国的道格拉斯飞机制造公司也是靠"诚实守信"获取成功的。在公司初创时，公司老板唐纳德·道格拉斯十分希望东方航空公司能够购买他制造的首架喷气式飞机。因此，他前去拜访东方航空公司当时的总裁雷肯巴克。雷肯巴克告诉他："这种新型的DC-8型喷气式客机能够同波音707抗衡，可是道格拉斯的喷气式客机同波音707一样，噪音都太大。"因此，雷肯巴克说："假如道格拉斯能保证降低噪音，他就能够击败竞争对手而取得订购合约。"

这笔生意对道格拉斯而言相当重要，如果能同东方航空公司签署订购合约，他在生意场上能马上争得一席之地；反之，如果难以取得订单，或许就表明他将从此销声匿迹。道格拉斯同工程师经过一番认真的研究讨论后，再次去见雷肯巴克，第一句话说的是："老实说，我不能确保把噪音降低。"

"我也不能，"雷肯巴克说，"但我希望知道的是，你是不是可以对我诚实无欺。"接着，这位总裁郑重地告诉道格拉斯："你现在得到了16500万美元的订单，能着手建造飞机，并试着把引擎的噪音降低。"

道格拉斯事实上是由于"对人诚实不欺"的美名才把他的公司创办起来的，也是靠这一"秘诀"才得以把事业推向不断成功的里程碑。

没有信用，即使身价百万，银行也会望而却步。缺乏信用是个人、团体或国家逐渐失去成功的一个重要标志。

富兰克林在1784年写了一本书，名为《对青年商人的忠告》。这本书讨论到"借用他人资金"的问题："记住，金钱有生产和再生产的性质。金钱可以生产金钱，而它的产物又能生产更多的金钱。"

富兰克林又说，"记住，每天6镑，就每天来说，不过是一个微小的数额。就这个微小的数额来说，它每天都可以在不知不觉的花费中被浪费掉。一个有信用的人，可以自行担保，把它不断地积累到100镑，并真正当作100镑使用。"

人与人的交往，是建立在诚实守信的基础上的。成功者信守承诺，视为合作的基础，以诚实取信于人。诚信既是一种品格，也是一种素质和能力，在社会活动中是无形资本，在讲求诚信的今天越发受到人们的重视。那么，如何培养男孩诚实的品质呢？有关专家曾提出一些很好的建议：

第一，要满足男孩合理的要求和愿望。如适时地给男孩添置玩具、图书及彩笔等。让男孩意识到自己需要的东西，只要是合理的，家庭又是力所能及的，是会得到满足的。这样可避免男孩因需要不能满足而把别人的东西随便拿回来，而又不告诉家长和小朋友的情况。

第二，要创造一个宽松、愉快、民主、和谐的家庭氛围。因为只有家庭成员相互保持诚实真挚的态度，使男孩感到成人的爱护和关心，他才能够信赖成人，有了过失才敢于承认。

第三，让"诚实教育"生动化。由于男孩年龄小，必须把道理具体化、形象化、趣味化，男孩才能接受。所以，可利用故事，把做诚实人的道理寓于故事之中，使男孩明白什么是诚实，什么是虚假和欺骗，应该怎样做，不该怎样做。

第四，要有正确的教育方法。当发现男孩有不诚实的言行时，要采取细致、耐心的方法，冷静地听听男孩的想法，分析原因，对症下药，切不可急躁、粗暴，甚至施加暴力，进行打骂、体罚等，这样只会适得其反，造成男孩为了躲避责罚打骂而说谎。

第五，和男孩建立真诚和相互信任的关系。"人之初，性本善。"年幼的孩子是非常纯真的，家长要利用这个良好的条件，和男孩建立并保持真诚与互相信任的关系。家长对男孩必须言而有信，以诚相待，这样，男孩才会信任家长，有什么事、有什么想法都愿意告诉家长。

第六，纠正男孩的不诚实行为要及时。男孩的不诚实行为主要指说谎和私拿他人或集体的东西。对这些行为要及时纠正。切不可因自己太忙而疏忽，或以为只是一种小毛病不必大惊小怪，这只会让孩子的不诚实行为不断地蔓延开去。

第七，制定一些规则并严格要求。例如，不是自己的东西不能带回家，没有得到别人的同意，不可随便拿别人的东西，借了人家的东西要及时归还，有了错要勇于承认，凡是答应别人的请求就一定要想方设法去做好，等等。这些规则一经提出就要严格执行，不能朝令夕改，并要重视克服"第一次"出现的问题。对执行规则，家长要态度坚决，严格要求，切不可迁就、姑息。

让男孩学会包容

宽容：人际交往中无坚不摧的利器

一个人经历过一次忍让，就会多一份宽阔的心胸。多一份包容，就会多一个朋友，少一个敌人。"海纳百川，有容乃大"，让孩子学会包容，身边才能够充满知心朋友和良师。宽容不仅是待人的准则，也是一种有助于保护心理健康的小习惯。

威廉·麦金莱在当选了美国的总统之后，指派某人做税务部长。当时有很多政客反对此人，他们纷纷派代表前往总统府，要求麦金莱说明委任此人的理由。为首的是一位身材矮小的国会议员，他的脾气暴躁，说话粗声粗气的，开口就把总统大骂一番。麦金莱却不吭一声，任凭他声嘶力竭地叫喊，最后才心平气和地说："你讲完了，怒气应该平息了吧。照理你是没有权力这样责问我的，但是现在我仍然愿意详细地给你解释。"

麦金莱的这几句话说得那位议员化怒为羞，不等麦金莱解释完，那位议员已经折服了，他心里懊悔自己不该用这样恶劣的态度来责备如此和善的总统。因此，当他回去向同伴做汇报的时候，只是说："我不记得总统的全部解释是什么了，但是有一点可以肯定，那就是我相信总统的选择没有错。"

麦金莱正是使用"宽容"这个撒手锏，没有费吹灰之力就说服了对方，而且使那位议员从此改变了自己的态度，不再做出令人难堪的举动。宽厚、谦让能促使人形成胸怀大度的高尚品德。宽容、谦让的人具有宽阔的胸怀，他们为人开朗、豁达、礼貌。他们宽容别人，忍让别人，并不是没有力量反击，而是出自一种高尚的情操。

作为家长都希望自己的孩子能有一个健全的人格，而学会包容别人、欣赏别人是具有健全人格的一个方面。福莱曾经说过：一个不肯原谅别人的人，就是不给自己留余地。因为每一个人都有犯过错误而需要别人原谅的时候。而学会宽容、学会大度，是我们每个人生活中的一件大事，整天被不满、怨恨心理所控制的人是最痛苦的人。学会宽容也就是学会了爱自己。

作为父母，应该充分认识到宽容对孩子来说不仅是一种待人准则，而且是一种保护心理健康的习惯。

现代科学研究发现，宽容有利于一个人的健康成长。美国密歇根州立大学的研究人员进行的一项研究发现，当人们都想要报复他人时，血压就会明显上升；而在宽容他人时，血压则显著下降。因此，作为父母一定要培养男孩宽容的习惯。那么怎么培养男孩的宽容呢？

第一，让男孩学会善待他人。父母应该让孩子明白这样的道理，别人就是自己的影子，所以善待他人就是善待自己。对他人多一份理解和包容其实就是在支持和帮助自己。

张亚勤总是给人很宽厚的感觉，无论是外表还是说话的声音。他总是能不经意间地察觉到对方的杯子里是否需要添水，也会很留心地让对方先坐在一个较舒适的位子上。可以看出，他非常在意别人的感受，也很愿意与周围的人和谐相处。

张亚勤在美国当学生会主席的时候，天天忙着搞活动，跑来跑去的，成天帮别人帮得高高兴兴的。国内的企业代表团到华盛顿去访问时，他去接机，是当时著名的"免费司机"。"当时大家的关系就很近，一到了周末就会在一起。特别有大家庭、团队的感觉，很值得怀念。"张亚勤这样说道。由于张亚勤的宽厚温和，他的朋友遍天下，与很多中国留学生在国外闭塞的生活很是不同。

第二，多给男孩创造机会接触同龄的人，在交往当中取长补短，提高人际交往能力及社会适应能力，养成良好的性格。必要的时候应该让男孩体验一下不被别人谅解的难过，因为如果一个孩子不会谅解别人，就容易养成霸道、蛮横、自私、无情的坏习惯，容易被孤立，今后走入社会就会吃大亏。

在美国达特茅斯大学读本科的中国男孩陈青留学期间深有体会：心胸开阔，宽厚待人的学生一般都能够很好地适应国外的学习和生活。"我见过不少中国的学生总是聚在一起，因为他们发现和其他国的人交往起来很困难。他们觉得只要拿到学位，其他就无关紧要了"。陈青说："其实，这种想法是狭隘的，不利于人的成长成才。"

陈青解释道，中国孩子与外国人的交往困难，主要是由于文化差异而引起的。美国人言谈比较自由，爱开玩笑，但同时他们不喜欢打开隐私；他们做事比较随意，喜欢创新，但是对于制度性的东西确实说一不二，从不会有通融的余地。中外文化各具特色，要试着用开放的心态来包容对待，交往才会变得愉快。

总之，宽容是交往和沟通的润滑剂，它会让孩子在宽松的人际环境里成长。心胸开阔的男孩适应能力会更强。

让男孩在宽恕中成长

宽恕胜于报复，因为宽恕是温柔的象征，而报复是残暴的标志，所以父母要让男孩懂得"以德报怨"。

小男孩哈根有一条非常可爱的狗，不幸的是，有一天下午他的狗被邻居家的狗咬死了。小男孩简直气疯了，发誓要打死凶手，为他的宝贝狗报仇。

哈根的父亲很理解儿子的情绪，他知道凭语言无法说服儿子，于是他把哈根领到了邻居家的院子后面。

"那条狗在这儿，"父亲对哈根说道，"如果你还想干掉它，这是最容易的办法。"父亲递给哈根一把短筒猎枪。哈根疑虑地瞥了父亲一眼，他点了点头。

哈根拿起猎枪，举上肩，黑色枪筒向下瞄准。邻居家的大黑狗用一双棕色眼睛看着他，高兴地喘着粗气，张开长着獠牙的嘴，吐出粉红的舌头。就在哈根要扣动扳机的一刹那，千头万绪闪过脑海。涌上心头的是平时父亲对他的教诲——我们对无助的生命的责任，做人要光明磊落，是非分明。他想起他打碎妈妈最心爱的花瓶后，她还是一如既往地爱他；他还听到别的声音——教区的牧师领着他们做祷告时，祈求上帝宽恕他们如同他们宽恕别人那样。

于是，猎枪变得沉甸甸的，眼前的目标变得模糊起来。哈根放下手中的枪，抬头无助地看着爸爸。爸爸脸上绽出一丝笑容，然后抓住他的肩膀，缓缓地说道："我理解你，儿子。"这时他才明白，父亲从未想过他会扣扳机。他要用一种明智、深刻的方式让他自己作出决定。

哈根放下枪，感到无比轻松。他跟爸爸蹲在地上，解开大黑狗，大黑狗欣喜地蹭着他俩，短尾巴使劲地晃动，仿佛在庆幸自己免遭枪杀。

宽容是消除报复的良方。对于宽容的男孩来说，没有什么不可以饶恕的。在他宽恕别人的同时，也会将自己内心的仇恨一并消除，从而获得更多的快乐。

现在的很多男孩，大都具有"自我保护"意识，缺少宽容精神。有专家指出，孩子们之所以不会宽容，是因为别人没有给他们宽容的机会，在生活中，也很少有人向他们提出这种要求，在家庭教育的过程中，要培养孩子的宽容品性，父母们应该做到以下几点：

第一，父母要起表率作用，在家庭成员间要做到友爱、宽容。如果你希望自己的孩子学会宽容，你首先应该具有宽容的品质和开阔的心胸。如果父母本人总是无视他人意见，心胸狭窄，对别人总是要求苛刻，为一点小事争执不休，为一点小利斤斤计较，习惯于将自己的意志强加于人，而不给别人改正的机会，男孩又怎么能学会宽容呢？

第二，家长要引导男孩学会设身处地为对方着想。家长要让男孩明白一个道理：人人都有缺点和不足，在和同伴相处的过程中，没有必要求全责备，只要不是特别过分，就应该对他人予以理解和宽容。家长应该多让男孩和小伙伴们交往，其实，宽容之心只有在交往活动中才能培养起来。

第三，让男孩亲近大自然。大自然是一本永远也读不完的最生动的教科书。很多学者都曾经说过，大自然的博大与雄浑可以使人心胸开阔，性格开朗，心情愉悦，进而使人产生宽容之心。因此，家长应该多带男孩亲近大自然，让奔腾的河流、浩瀚的大海、秀丽的湖光山色陶冶男孩的心灵，开阔男孩的视野和胸襟。

第四，让男孩学会从别人的角度考虑问题，并且承认对方有表达自己看法的权利。那么，你不仅可以了解别人，赢得友谊，而且，会与别人很好地沟通。

第五，家长要鼓励男孩接纳新事物。其实，作为一种处世原则，宽容不仅体现在对"人"的态度上，也体现在对"事"对"物"的态度上。我们这个社会发展变化很快，因此，父母要引导男孩多见识一些新生事物，让男孩喜欢并且乐意接受新生事物，学会知变和应变。

宽恕别人，成就自己

一位哲人曾经说过，错误在所难免，宽恕就是神圣。宽容和忍让能够换来最甜蜜的结果。如果没有宽恕之心，生命就会被无休止的仇恨和报复所支配。忍让和宽容不是懦弱和怕事，而是关怀和体谅，以己度人，推己及人，我们就能与别人和睦相处，甚至能够化敌为友。宽容了别人，他人得到了解脱，露出了微笑，也会给自己带来快乐。

因此，父母要培养男孩宽容的品质，当你的孩子懂得宽恕人的时候，就会得到快乐。赢得更多的朋友，就会开启一扇明亮的窗。

一位哲人曾经说过："以恨对恨，恨永远存在；以爱对恨，恨自然就会消失。"面对别人的伤害，我们要以德报怨，时刻提醒自己，让伤害到自己这里为止。如果一个人能不计前嫌，学会宽容，就会赢得朋友，成就自己。

明末清初，苏州经历了一场罕见的大瘟疫，死人不计其数。当时的苏州府为了制止瘟疫流行，组织了医局，请当地名医轮流坐诊，为前来求医的人治病。

有一天，一个差役来到医局。他全身水肿，皮肤已呈黄白色。名医薛雪为他切脉检查后，认为他已病到晚期，没治了，叫他回去"料理后事"。差役哭丧着脸出了医局大门，正巧碰上来接班的名医叶天士，叶天士重新为差役诊视一遍，发现差役的病是由于长期使用一种有毒的驱蚊香而引起的。于是，他给差役开了一副解毒药。差役服后，不久便痊愈了。

很快，这件事传到了薛雪的耳朵里。薛雪觉得叶天士是有意贬低别人，抬高自己。两人同住在一条街，名声本不相上下，经常有好事者拿他俩比高低，故此早有嫌隙。薛雪越想越怒，一气之下，将自己的住宅起名为"扫叶庄"。叶天士闻讯后，也不示弱，把自己的书房更名为"踏雪斋"。从此两人不相往来。

几年后，叶天士80多岁的母亲病了。按病情应服"白虎汤"，但叶天士因担心药力太猛，母亲年老体弱经受不起，所以不敢使用，只是开了几剂药力较缓的药给母亲服用，结果病情总不见好转。

薛雪听说此事后，从侧面了解到叶母的病情，便对别人说："此病非用'白虎汤'不可。只要对症下药，药力猛一点怕什么？"有人把这话传给了叶天士。叶天士虚心采纳了这个意见，给母亲服用了"白虎汤"，病果然好了。为此叶天士登门致谢，薛雪说："医者，贵在救人也，岂可以计私怨乎？"于是二人从此结为好友。

宽容不仅是容忍他人的小错误，还包括为人豁达、不计前嫌、以礼待人等。父母要从小让孩子懂得"不计前嫌，以礼待人"是一种难能可贵的精神，也是一个人品德高尚的表现。

天地间有阴有阳，生活中有欢乐有悲伤。万事万物都不是孤立的，万事万物的相依相伴、相生相克就是宽容。

水宽容了冬的寒冷，就成了立体的冰；烧红的铁宽容了水的肆虐，就变得更加坚硬；宽容就是身上扎满了荆棘也要去攀登高峰，宽容就是身上嵌满了弹片，也要去寻求和平。

为了维护良好的人际关系，一言一行都要为对方着想，学会安抚对方的心灵，学会在别人面前谦让，不可以使对方产生相形见绌的感觉。与此同时，自己也会因宽容大度有一个极好的心情。

"宽恕为美，淡忘为佳"，这是英国诗人白朗宁说的。告诉孩子，当别人伤害了你时，应该选择记事而放弃记仇。记事可有前车之鉴，不记仇可以忘忧。正如"笑弥勒"给人的印象为"大肚能容，了却人间多少事；笑口常开，笑尽天下古今愁！"果真如此，则"眼前一笑皆君子，座下全无碍眼人"了。

宽容犹如冬日过后的春风去融化对方心田的冰雪，变成潺潺细流。一个不懂得宽容别人的人，也是一个不懂得对自己宽容的人，会把生命的弦绷得太紧而伤痕累累。

不要戴着有色眼镜看人

智者的眼睛是雪亮的，看人准确、恰当。然而，生活中我们却常犯一种错误，即虽然并没有戴太阳镜或茶色眼镜，看人却带有眼色，把正直的人看成恶徒，有才华的人看作窝囊废。这称之为"用有色眼光看人"，相当于门缝里看人，一洞窥天，全是偏见。

用有色眼光看人，就是带着固有的感情色彩，也就是带着成见去识别人。虽然这是识人中的大忌，但用有色眼光去看人，在古今中外的历史上都是屡见不鲜的。

用有色眼光看人，首先体现在对没有出名的"小人物"起初的轻视上。

法国年轻的数学家伽罗华把 17 岁时写出的关于高次方程代数解法的文章，送到法兰西科学院，没有受到重视。20 岁时，他第三次将论文寄出，审稿人波松院士看过之后的结论是："完全不可理解！"

又如贝尔想发明电话，他将自己的想法说给一位有名的电报技师，那技师认为贝尔的想法是天大的笑话，还讥讽地说道："正常人的胆囊是附在肝脏上的，而你的身体却在胆囊里，少见！少见！"好在贝尔并没有相信这人的一派胡言，凭着高度的自信将实验坚持了下去，而最终取得了成功。

学术上的门户之见，也是用有色眼光看人。

1968 年，英国皇家学会为研究碰撞问题而悬赏征文。荷兰人惠更斯文章最好，可是，因为他不是英国人，而被扣发文章。后来，他的论文被法国赏识，在法国出版，他本人当上了法国科学院院长，为法国的科学发展发挥了重要作用。

用老眼光看人是另一种表现形式。世界上任何事物都是在不断发展变化的，没有绝对的静止。告诉孩子，一个人最初的工作可能简单、平凡，但这并不妨碍他将来的工作重要、地位显赫，没有人能够预知自己的未来，所以，看人时也不要以对方现在的状态而自作聪明地评价对方的将来。

小张少年家贫，读书不多，16 岁后靠着在城里工作的小叔介绍，才得以在一家公园里当上环卫工人。小张是个勤奋好学、上进的孩子,利用业余时间自学文化知识。经过几年的努力,20岁时他已取得国家自学考试中心颁发的大学文凭。后来,一次偶然的机会,他发现文化礼品市场巨大,就集资做起了文化礼品生意。5年之后,他的公司成为当地最大的文化礼品公司。腰包已满,衣锦回乡,他在回家的路上碰见一位十年未见的村里长辈。村里长辈关心地问他:"在公园当环卫工人,受人欺负吗?"他一时无语回答。

用有色眼光看人,会使我们犯下许多错误,从而影响我们正常的人际关系。摘下"有色眼镜",看一论一,以眼前论眼前,凭事实说话,对别人作出客观评价,这样才能使我们避免出现"偏见"错误。

告诉男孩,要克服成见,可从以下三个方面来着手:

1. 在心中评判别人,要有主见,有自己的一套正确的原则和标准,不能人云亦云,更不能只根据外表,随便下判断。

2. 看人要全面,要做全面的分析。苏轼有诗云:"横看成岭侧成峰,远近高低各不同。"只有横向视野而没有纵向视野,或者只有近距离视野而没有远距离视野,都会产生感觉和认识上的偏差,造成与人交往中的导向失误。必须全面观察、考察一个人,才能较准确地予以评价。

3. 多听取别人的意见和看法。要真正认识一个人,仅仅靠自己是不行的,单单靠几个朋友的介绍也是不够的。而是需要广开信息渠道,从"内围"到"外围",从正面评价到反面意见,进行全方位的信息收集,然后进行认真分析的"精加工",这样,判断才能比较准确。

百善孝为先

孩子不孝父母也有错

孝敬父母,是每个儿女应尽的责任和义务。每个人都明白这个道理,却不是每个孩子都能做到。

有三个妇女在井边打水。

有一位老人坐在石头上休息。

一个妇女对另一个说道：

"我的儿子很机灵，力气又大，谁也比不上他。"

"可我的儿子会唱歌，唱得像夜莺一样悦耳，谁也没有他这样好的歌喉。"另一个妇女说。

第三个妇女看着自己的水桶默不作声。

"你为什么不谈谈自己的儿子呢？"两个邻居问她。

"有什么好说的呢？"她说，"我儿子什么特长也没有！"

说着，她们装满水桶，提着走了。老人也跟着她们走去。水桶很重，她们走得很慢，不时地停下来休息一下。

忽然迎面跑来了三个男孩，一个孩子翻着跟头，他母亲露出欣赏的神色。另一个孩子像夜莺一般欢唱着，妇女们都凝神倾听。第三个跑到母亲跟前，从她手里接过两只沉重的水桶，提着走了。

妇女们问老人道：

"喂，怎么样？我们的儿子怎么样？"

"呵，他们在哪儿？"老人答道，"我只看到了一个儿子！"

显然，故事中的三个男孩，只有第三个孩子心怀孝顺，懂得母亲提水不易，接过了母亲手中沉重的水桶。而另外两个男孩，心中完全就没有孝敬母亲的意识。

放眼今日社会，身为人子却不孝敬父母的事情比比皆是。都说"养儿防老"，可是一些长大成人的孩子却不尽赡养老人的义务，还有一些人不工作，吃住都靠年老的父母，做啃老族。更有甚者，看着年老体衰的父母不顺眼，对老人拳打脚踢，简直是禽兽行径。

回溯这些逆子的童年，他们几乎个个都是父母的宝贝，捧在手上怕摔了，含在嘴里怕化了。遗憾的是，父母过多的爱并没有养育出一个听话懂事的男孩，反而养出了好吃懒做、不懂得体谅他人疾苦的"孽障"。为什么会出现这样可悲的结果？凡事要全面考虑，孩子自身必然存在很大的问

题，而抚养孩子长大的父母，在这失败的教育中也负有不可推卸的责任。

所谓"人之初，性本善"，每个孩子来到世间，都纯洁得像一张白纸。他们对世界的一切认知，都来自父母的指引。孝顺的孩子背后，往往会有两位通情达理的父母，因为他们的孝顺意识，最早都是由父母亲灌输的。同样的，孩子的不孝，往往也是关注着父母亲的一举一动学来的。

俗话说"上梁不正下梁歪"，父亲母亲如何对待自己的双亲，都被幼小的孩子看到眼里、记在心里。可以说，孩子之所以会走上不孝的路，几乎就是踏着父母的教育走过来的。不孝的心理源于多方面，除了向父亲母亲学来不孝敬父母的行为，自私、冷漠也是造成不孝的很大原因。有些家长认为现在社会竞争激烈，人情味又淡漠，于是就使劲教孩子如何与人动心计，日子久了，孩子果然愈加老练了，自私到对父母也斤斤计较。父母又如何渴望从这样一颗冷硬的心中流淌出孝顺之情呢？

父母应该从小就培养男孩的一颗温柔善良的心，一方面让男孩跟你学习如何孝敬老人，一方面培养男孩纯洁善良的心灵。一个孝顺的男孩，首先得是一个心中有爱的男孩。

平时，父母还可以扮演"弱者"的角色，让男孩学着照顾你，为你刷刷碗，擦擦桌子，洗洗小件的衣物，让他体会到付出的快乐。有些家长认为，让男孩做这种事情是不是早了些，现在自己身体健康，等自己老了再让孩子做也不迟。这种练习重点是培养孩子孝顺的意识，要从小做起，等孩子长大成人了再做就来不及了。

爸妈是最好的孝顺示范

有一则公益广告大家都记忆深刻：一位年轻的母亲非常辛苦，还不忘为老人打水洗脚，儿子看到了，也趔趄着为妈妈端来了一盆洗脚水。这则广告让每一个人动容，确实，父母是孩子最好的老师。

我们都认为，人是从学校里学来了各种各样的知识，才能适应社会的生活的。其实，人生第一所学校是家庭，而人生最早的、对孩子影响最深的老师是爸爸和妈妈。从家庭学校走出来的孩子，他学到的真诚、善良、与人相处的技巧，是走入社会最基本的东西，是人生在世受用不尽的财宝。

我们会有这种感觉，活泼的开朗的父母带的孩子，往往也性格活泼擅长言辞；羞涩沉默的爸爸妈妈带的小孩，往往过于腼腆。这很大程度上，都是父母影响的结果。一些孩子在家的时候非常沉默，没有什么朋友，自己去外地上学后生活在集体大家庭里，突然就变得话多了，这便是受了身边的人影响的缘故。

在孝顺这个问题上，孩子受父母影响最大。父母怎样对待老人，孩子会在心中形成一种印象，长大后不知不觉也会去模仿。因为他已形成了一种意识：这样做是对（错）的，我妈妈（爸爸）也这样做过！

从前有一对夫妻生了一个白白胖胖的儿子，他们对儿子尽心竭力地抚养，孩子一天天苗壮成长。这对夫妻还有一个老母亲与他们同住，平时儿媳老是嫌弃婆婆，不愿意养婆婆，但是因为婆婆能帮他们干活，所以媳妇虽有怨言，但还是让婆婆同他们吃住。

年复一年，随着孙子渐渐长大，老奶奶越来越老了，她的腰因为长年的劳作变得弯曲佝偻，她再也不能做重活了，而且由于年龄的原因，吃饭的时候常会撒出一些饭粒。这时候，媳妇看婆婆越来越不顺眼，她急于想把婆婆赶出家门，于是总在丈夫面前说婆婆的坏话，没想到丈夫竟然答应妻子赶母亲出门。一天吃过午饭，这对夫妻就把老母亲送到三十里外的山沟里，扔下几块饼，让老母亲自生自灭。

没想到回家后，他们发现儿子在村口的大树下坐着。夫妻俩问儿子为什么不回家，儿子说："我在等奶奶，你们现在把奶奶拉出 30 里地外，以后我拉你们 80 里也不止。"听了儿子的一番话，夫妻俩顿时明白了。他们赶紧回到山沟里把母亲接了回来，从此对母亲非常孝顺。

这对夫妇及时接回了母亲，纠正了自己的错误，不然他们的晚景可以想象。到了他们无力劳作的时候，孩子也会如他们之前做的那样不孝顺，并把他们一扔了之。而且，孩子心中还不会有丝毫的愧疚：过去爸爸妈妈就是那样对待奶奶的！

父母在男孩面前，一定要做孝顺的典范。一方面是对老人的敬爱，一方面也是做给男孩看怎样做才是孝顺。

在《论语》中就有一段关于孝顺的精辟论述。"子夏问孝，子曰：色难。

有事弟子服其劳，有酒食，先生馔。曾是以为孝乎？"这句话南怀瑾先生解释为：子夏问孔子孝的问题，孔子回答道，（孝顺的）态度是最难做好的。父母在干活的时候，儿女接过父母手中的活代劳；有好吃的东西时，先拿给父母吃。这样就是孝吗？其实，仅仅替父母长辈做事，将美味佳肴给父母吃，不一定就是做到孝顺了。

在孝顺父母长辈的时候，态度才是最为重要的，也是最难做到好的。比如你下班回家的时候心里很烦闷，这时父亲从公园锻炼归来，疲惫不堪，吩咐倒杯茶给他喝。你的茶是倒了，但端过去时，沉着脸，将茶杯在桌几上重重一搁，用冷硬的语调说："喝吧！"父亲见到孩子这样的态度时，虽然喝着孩子倒的茶，可是心里又将作何感想呢？

如果你的儿子看到你这样给父亲倒茶，下次你让他给你倒一杯茶的时候，恰逢他心情不好，他又会是什么态度呢？

孝顺父母应该发自内心，而且态度一定要非常的诚恳，这样父母才能感受到你对他们的爱，才能享受到你带给他们的一点点幸福。

有一位诗人曾经写过：人类的美是以爱来呈现的。而孝敬感恩的心灵，是人类最美丽的种子，它发芽之后，开出最美的爱之花，结出最美的爱之果。所以，千万不要对父母感到厌烦。做子女的欠父母的恩情一辈子都还不完，即使心中有怨言，也不要流露出来。家长不但自己明白这个道理，也要让男孩明白这个道理，并且亲身示范给孩子看。唯有如此，才能在男孩心中播下一颗孝敬的种子。

孝心，源自无条件的爱

有这样一个故事：

在一所大学，一天上课铃响过之后，教授并没有如以往一般打开教案开始讲课，而是拿出来一叠问卷。"有件事情耽误大家一点时间"，教授微笑着说，"这是一家调研机构的问卷，大家帮忙填一下。"

课堂里发出琐碎的议论声：做问卷可比上课有意思多了。

问卷上只有两道题：

1.他是商界成功人士，为人精明稳重，她对他怀有深深的爱。突然有一天，他的公司倒闭了，你感觉，她是否会爱他如往昔？

A、一定会　　　B、一定不会　　　C、可能会

2.她以美貌著称，蛾首蛾眉，肤若凝脂，他对她怀有深深的爱。突然有一天，她遇到意外，脸上布满疤痕，你感觉，他是否会爱她如往昔？

A、一定会　　　B、一定不会　　　C、可能会

大家答得很快。

教授收上问卷，统计了数据：

第一题，30%的人选A，30%的人选B，40%的人选C。

第二题，10%的人选A，10%的人选B，80%的人选C。

教授笑了："看来女人毁容比破产更让人无法接受啊——你们为什么会做这种选择呢，是不是潜意识里你们把'他'和'她'当作了恋人关系？"

"对啊！"大家回答。

教授收敛起笑容："可是题目并没有限定'他'和'她'一定是恋人关系。我们换个角度思考，如果第一题中的'她'是'他'的母亲，第二题中的'他'是'她'的父亲呢，你们会怎样选择？"

教室中沉默了，年轻的学生们脸上神色凝重，都是一副若有所思的神情。

问卷发还到学生们手中，等问卷重新收上来时，两道题，所有的人都选择了A。

世界上无处没有爱，但是没有哪一种爱能如父母之爱般亘古绵长，而且纯洁无私不掺杂丝毫的欲望与利益。人人都有父母，我们都在父母之爱的浸浴中长大，也正是因为如此，很多男孩对这份伟大的、无私的爱习以为常，甚至视而不见了。

一天晚上，李小宁跟妈妈吵架了，他什么都没带就只身往外跑。但是，走了一段路，他发现自己竟然一分钱都没有，连打电话的钱都没有！

走着走着，他肚子饿了，看到前面有一个面摊，煮出的馄饨香喷喷，一定很好吃！可是，他没钱啊！过了一段时间，面摊老板看到李小宁还站在那边，一直没有离去，就问他："小伙子，你是不是要吃面啊？"

"但是……但是我忘了带钱。"李小宁很不好意思地回答。

面摊老板热情地说:"没关系,我可以请你吃呀!来,我给你做碗馄饨吃吧,怎么样?"

"太好了!"李小宁已经饿得有些摇晃了。

不一会儿,老板端来了一碗面条和一碟小菜。李小宁吃了几口,忍不住掉下了眼泪。

"小伙子,你怎么了?"老板问道。

"哦,我没事,我只是感激!"李小宁边擦眼泪,边对老板说,"您是陌生人,我们又不认识,只不过在路上看到我,就对我这么好,煮馄饨给我吃!但是……我妈,我跟她吵架了,她竟然把我赶出来了,还不让我再回去了……您是陌生人都能对我这么好,而我妈竟然对我这么绝情!"

老板听了,委婉地劝说他:"小伙子,你怎么会这样想呢!你想想看,我只不过煮了一碗馄饨给你吃,你就这么感激我,而你妈呢?为你煮了十多年的馄饨,洗了十多年的衣服,你怎么不感激她呢?你怎么还要跟她吵架呢?"

李小宁听了这话,当场愣住了!

"是啊!陌生人煮了一碗馄饨,我都如此感激,而妈妈辛苦地把我养大,也煮了十多年的馄饨给我吃,我为什么没有感激她呢?"

"而且,只是因为一件小事,我就跟妈妈大吵了一架,唉……"匆匆吃完馄饨,李小宁鼓起勇气,朝家走去。

当李小宁走到自家胡同口时,看到妈妈那疲惫而又熟悉的身影,正焦急地左右张望……

面摊老板的一番话,点醒了小宁。母亲给予孩子的爱如此无私绵密,紧紧包裹着孩子,孩子在这爱的包裹中却无知无觉,需要旁观者指明才恍然大悟。

给予了男孩无尽爱的父母,是多么容易满足啊。男孩一个小小的举动——帮你捶捶背、揉揉肩、倒一杯热茶都能让你感到莫大的满足。正是这份无欲无求,让父母之爱充满了感人的味道。

也许你的儿子现在调皮、顽劣、不懂事，也许他刚刚还在与你争吵、拌嘴，也许他才刚刚摔门而出，气得你上气不接下气，不要为他的行为过分伤心。他还只是孩子，他在学习，在成长。随着年龄越来越大，接触的人越来越多，他慢慢就会体会到，你给予他的爱是多么的无私、多么的宝贵。当他被这种感情敦促着来到你身边，温柔地拥抱着你、喃喃地对你说"抱歉"的时候，就是他心中潜藏的孝心萌发的时候。

孝心何来？来源于一种感动，来源于一种情感的回应，来源于一种不断接受后回报的渴望。正是你的爱，日日夜夜，点点滴滴浇灌着男孩的心田，才会有名为"孝顺"的爱在男孩心中静静成长。

让男孩为你做点事

我们自古就有孝顺的传统，卧冰求鲤、哭竹生笋等在史书中屡见不鲜。何谓孝顺？西汉桓宽在《盐铁论·孝养》中讲："孝在于质实，不在于饰貌。"古人认为出自内心真诚的感恩和敬爱才算是真正意义上的孝，而不是礼节上的做作和表面上的修饰。这就是说孝敬父母不但要礼节周到，更重要的是质朴实在的感情。

今天，家长在教育孩子要孝顺父母时，应更多地注重纯洁的情感。家庭教育中绝不能轻视培养孩子尊重长辈、孝敬父母的好习惯。一个男孩，在家中养成了孝敬父母的习惯，走出家门才能有关心朋友、关心同学的意识，长大后才能成为一个关爱他人的人。

孔卓家离学校很远，交通也不方便，每天都是爸爸用自行车驮着孔卓上学放学。

清早5点，天刚蒙蒙亮，爸爸就要起床叫醒孔卓出发，一年四季，风雨无阻。小孔卓心中对爸爸充满了感激，所以他也特别疼爸爸。夏天天气太热的时候，一到家他就会立刻跑到屋里为爸爸打开风扇扇凉，还会从冰箱里拿出凉啤酒给爸爸解渴。

有一次爸爸生病了，妈妈不在家，他还学着妈妈的样子给爸爸做了西红柿鸡蛋面。这是孔卓第一次展露手艺，展露的不太成功，他没等水开就把鸡蛋倒进去，面条又煮过火了，最后的成品看起来不像一碗面，倒像是一碗黏糊糊的汤。不过，这碗"西红柿鸡蛋面"让爸爸感到特别安慰，爸爸喝了个精光。

对年少的孔卓来说，懂得体谅父亲的辛劳，为父亲拿一瓶冰啤酒、煮一碗面，这就是孝顺。

让男孩养成孝顺父母的好习惯并不难，只需从生活中的小事做起即可。父母可以从以下几点培养男孩孝顺的习惯：

1. 让男孩学会礼让。让孩子懂得父母为家庭付出的辛苦，懂得礼让，不为小事而计较、哭闹。

2. 要男孩听从长辈的教导。要教孩子对长辈心生尊重，不能对长辈的教导不屑一顾。需要指出的是，听从长辈的教导不是对长辈言听计从，而是分辨过后再决定听从与否。

3. 多关心父母生活中的小事。比如男孩可以时不时地与父母聊天，问问父母的工作忙不忙、累不累，平时做一些力所能及的家务，不调皮捣蛋给父母添乱，等等。

4. 文明礼貌不能丢。对长辈要有礼貌，无论对爸爸妈妈还是爷爷奶奶，都要用敬语，不能"你"啊"他"的呼来喝去。

培养男孩的孝顺习惯不是一朝一夕所成，家长要坚持不懈地给男孩灌输关心他人的思想，并逐渐教孩子做一些关心他人的事情。孩子一开始做不好也没关系，坚持着做下去，慢慢地就能形成一种良好的习惯。

第六章

乐群，合群
——男孩最应具备的成功能力

如何与人沟通

教会男孩阅读他人的眼睛

要想增强男孩与人沟通的能力，可以让孩子先关注别人的眼睛。

我们常说，眼睛是心灵的窗户。的确是这样，眼睛同人们的思想感情有很大关系。当一个人对某个人或某样东西发生兴趣时，他的眼睛肯定会有一系列的复杂活动，如视线转移、瞳孔变化，等等。这一系列复杂的活动，一般说来都能准确地反映出这个人当时的心情。老练的便衣警察能在人流如潮的商店中，准确地看出谁是扒手，谁是流氓，凭的就是对眼睛的观察。一般顾客的眼睛，往往只注意商品，而小偷或流氓的眼睛，却总在顾客的口袋或女人的身上巡视。

孔子曾说过："观其眸子，人焉瘦哉！"意思是，想要观察一个人，就要从观察他的眼睛开始。一个人的想法经常会由眼神中流露出来，譬如天真无邪的孩子，目光必然清澈明亮，而利欲熏心的人，则无法掩饰他眼中的混浊不正。在人们交谈的过程中，如果对方不时地把目光移向近处，则表示他对你的谈话内容不感兴趣或另有所想。如果对方的眼神上下左右不停地转动，无法安定下来，可能是因内心害怕而说谎，通常都有难言之隐，也许是为了不失去朋友的信任，而对某些事情的真相有所隐瞒。

眼神可以显示出人的喜悦或冷漠，每一种眼神都有特定的含义，在做事交际中注意对方的眼神是非常重要的。人们深层心理中的欲望和感情，首先反映在视线上，视线的移动、方向、集中程度等都表达了不同的心理状态，观察视线的变化，有助于人与人之间的交流。爬上窗台就不难看清屋中的情形，读懂人的眼色便可知晓人们的内心状况，就可以根据对方的眼神，决定自己下一步该怎样做。

眼神的交流有时显得更含蓄也更间接、隐蔽，一个眼神通常能代替千言万语。生活中常会听到这样的话："你骗我！你看着我的眼睛说话！"这也是生活中常见的台词，因为说谎的人通常不敢与人直视或眼神游移不定。

家长可以帮助男孩了解日常交流中的几种目光注视：

1. 公务注视，一般用于洽谈、磋商等场合，注视的位置在对方的双眼与额头之间的三角区域内。

2. 社交注视，一般在社交场合，如舞会、酒会上使用。位置在对方的双眼与嘴唇之间的三角区域内。

3. 亲密注视，一般在亲人之间、恋人之间、家庭成员等亲近人员之间使用，注视的位置在对方的双眼和胸部之间。

要让孩子知道，如果对对方的讲话感兴趣，就要用柔和友善的目光正视对方的眼区，内心充溢着爱慕、友善和敬意。

爱默生如此形容过我们的双眸："眼睛如同我们的舌头一样能表达，只是它的优势不需要任何词典，就能被全世界理解。"为什么有那么多的人注意他人的眼神，就是因为它是"心灵的窗户"，我们可以通过它窥见他人的内心世界。通过"阅读"他人的眼睛，能帮助男孩看透对方的真实内心与实际想法，这是男孩交际中不可或缺的能力与技巧。

培养孩子站在对方的角度看问题

男孩或多或少都会发生一些沟通的问题，无论跟父母，还是跟同学、朋友。如果你的孩子出现这类问题，要帮助他尝试站在对方的角度上看问题。

沟通大师吉拉德说："当你认为别人的感受和你自己的一样重要时，才会出现融洽的气氛。"我们需要让男孩多从他人的角度考虑问题。如果他只强调自己的感受，别人就会和他产生对抗。如果对方觉得自己受到重视和赞赏，就会报以合作的态度。

在美国的一次经济大萧条中，90%的中小企业都倒闭了，一个名叫克林顿的人开的齿轮厂的生意也一落千丈。克林顿为人宽厚善良，慷慨大方，交了许多朋友，并与客户保持着良好的关系。在这举步维艰的时刻，克林顿想要找那些朋友、老客户出出主意、帮帮忙，于是就写了很多信。可是，等信写好后他才发现：自己连买邮票的钱都没有了！

这同时也提醒了克林顿：自己没钱买邮票，别人的日子也好不到哪里去，怎么会舍得花钱买邮票给自己回信呢？可如果没有回信，谁又能帮助自己呢？

于是，克林顿把家里能卖的东西都卖了，用一部分钱买了一大堆邮票，开始向外寄信，还在每封信里附上2美元，作为回信的邮票钱，希望大家给予指导。他的朋友和客户收到信后，都大吃一惊，因为2美元远远超过了一张邮票的价钱。每个人都被感动了，他们回想起了克林顿平日的种种好处和善举。

不久，克林顿就收到了订单，还有朋友来信说想要给他投资，一起做点什么。克林顿的生意很快有了起色。在这次经济大萧条中，他是为数不多站住脚而且有所成的企业家。

事实证明，只要我们多考虑别人的感受，多从别人的角度看问题，即便是很尖锐的矛盾也能缓和。因此，如果男孩想得到别人的配合，最好真诚地从他人的角度来考虑。卡耐基有一句避免争执的神奇话语："我不认为你有什么不对，如果换了我肯定也会这样想。"这句话能使最顽固的人改变态度，而且我们说这句话时并不是言不由衷，因为人类的欲望和需求是大致相同的，如果真的换成你，你也会有他那样的想法和感觉，尽管你也许不会像他那样去做。

假如男孩期望别人去完成一件事，不妨让他以对方的观点来想一想，问问自己："他这样做的用意何在呢？"虽然那是很耗时及麻烦的，但那样做将会减少很多摩擦和不愉快，从而获得更多的友谊。能处处为人设想，并以对方的观点去对待事情，这将会影响他往后的社会交往及事业成就。

社会学家说，凡有人群，就有矛盾，人生活在社会中，人际交往是必不可少的。而人际交往又是人与人之间的心理交往，是人与人之间的心理沟通和交流。由于每个人的社会属性及社会地位、经历差别，由于不同人存在着不同的个性、文化、修为、信仰、隐秘以及有着不同的目标任务，导致了人在交往接触相处中，会出现生活和工作中的不相和谐，发生分歧，产生矛盾，出现误会。

这时你会怎样面对？你不妨将自己和对方换位一下，站在对方的角度去看问题，应以豁达大度的态度置换一下心理角色，调换一下立场，逆向地进行思考。如果男孩能及时地调整好心态，也许就会找到更为确切的方法化解矛盾，消除分歧，避免误会。这比暴跳如雷、大动干戈更容易迅速取得主动而得到令人满意的效果。

世上任何事物都是相对的，站在一个角度看是一种感觉，换一个角度感觉可能就会相反。因此家长要让孩子明白在人际交往中不要片面地看问题，尤其不能只站在自己的角度看问题，而应调整好自己的参照点和观察点，多站在对方的立场上观察，以便形成良好的感觉和积极的心态，得出更全面的结论。如果你不了解对方在想什么，就会在决策中产生一定的片面性。不妨多替别人想想，站在对方的立场上，也许会得到更多的启迪和智慧。

因此，男孩若想赢得别人对你的赞同与欢迎，就必须做到从他人立场出发去考虑问题。

做一个好口碑的听众

你的孩子可能是一个精力充沛、口若悬河的陈述者，却不一定是一个好听众。我们需要让男孩明白，做一个好口碑的听众，能让我们得到的更多。自古就有忠言逆耳，良药苦口之说。他人的意见虽然不那么中听，但是假若我们能够放下那颗虚荣心，认真听取，肯定能够从这些意见里，发现自己的许多弊端，而这些弊端又是达到成功人生所必须克服的，所谓"以人为镜"正是这个道理。男孩应该记住，知道怎样听别人说话，以及怎样让他人开启心扉谈话，是你制胜他人的唯一的法宝。

一个人所能掌握的知识是有限的，有许多东西是我们个人所无法了解的，通过倾听别人的谈话我们可以获取许多有用的信息，可以分享他们的知识和经验。而你所得到的是别人的好感与支持。这样不仅可以丰富自己的知识，更能让对方感到你的尊重与理解，成为一个受欢迎的人，进而被人称赞。

卡耐基曾被邀请去参加一个桥牌集会。卡耐基不玩桥牌，在场的一位老先生也不玩。老先生对卡耐基有所了解，因此他说："啊，卡耐基先生，我请求你把所有你去过的那些美妙的地方，以及你所见过的那些美丽景色，全部告诉我。"老先生坐在沙发上，说他和太太最近刚从非洲旅行回来。

"非洲！"卡耐基惊叹，"多么有意思！我一直想看看非洲，但除了有一次在阿尔及利亚待了 24 小时以外，我从没去过非洲的其他地方。告诉我，你是否去过那个狩猎王国？真的，我非常羡慕你，请把非洲的情况告诉我。"

45分钟就这样过去了，他一次也没有问卡耐基到过什么地方，看到什么。他不想听卡耐基谈论他自己的旅行，他所要的只是一个感兴趣的听众，他滔滔不绝地告诉卡耐基他曾到过的地方。

他与众不同吗？不是，许多人都像他那样渴望被关注，成为这样的人的朋友最有效的方法就是倾听，而卡耐基做到了。我们应该聆听别人的理由至少有两个。第一，只有通过聆听，你才能学习；其次，别人只对听他说话的人有反应。而这两个理由的最终结果无疑是得到别人的认可，被人们称赞。可惜，大部分的人很少真正记得应用它。卡耐基说："最重要的是聆听，在你开口告诉别人你有多棒之前，你一定要先聆听。然后你才能开始认识别人，与别人交谈，千万别高人一等。多跟别人交谈，用心倾听，不要太快下决定。"

男孩要想成为积极有效的聆听者，首先，必须体会聆听的重要性；其次，必须有聆听的意愿；最后，他必须经常练习这种全新的聆听能力。告诉孩子，如果要知道如何使别人躲开你，在背后取笑你，甚至轻视你，这里也有一个方法：绝不要听人家讲上3句话，要不断地谈论你自己。这种人自以为了不起，自以为很重要。只谈论自己的人，所想的也只有自己。"而只想到自己的人"，据哥伦比亚大学前校长尼古拉斯·巴特斯博士说："是不可救药的无知者，他没有受过教育，不论他曾上过多好的学校。"

如果你的孩子想成为一名优秀的谈话者，就要鼓励他做一个注意听人说话的人。正如查尔斯·洛桑所说的："要令人觉得有趣，就要对别人感兴趣——问别人喜欢回答的问题，鼓励他谈谈自己和他的成就。"一定要让男孩记住：跟你谈话的人对他自己、他的需求和他的问题，比他对你和你的问题，更感兴趣千百倍。

因此，男孩如果想让别人喜欢自己，先要做一个好的听众。

乐于接受别人的忠告

男孩在待人处世方面不够成熟，会出现许多失误或纰漏，这时有人提出逆耳忠言，该是多么值得庆幸的事情。对于他人的善意提醒与忠告，男孩应该洗耳恭听，也许那是一句有益终生的忠告。

《孔子家语》有言："良药苦口利于病，忠言逆耳利于行。""人受谏，则圣；木受绳，则直；金受砺，则利。"然而现代社会，能够直言不讳地指责他人缺点者已日渐减少。无论是我们的朋友、长辈或同学，大都不愿意冒着使别人恼恨的危险去忠告别人，而都抱着独善其身的态度漠视一切。如果人人皆能诚恳、虚心地接受别人的忠告，而且人人都期待他人的忠告，则这种现象又怎么会出现呢？

对男孩而言，真正能够苦口婆心地劝告他，指责他的人是谁呢？不外是父母、师长、兄弟、姊妹、朋友等。他们的目的无非是希望男孩在人际关系上更圆满，在事业上更成功。但是，忠言逆耳，大多数人对于忠告总是有一种逆反心理，从而导致原有的密切关系破裂。在某种程度上说，忠告确是一件危险的事情。如在这种情况下仍有不顾后果提出忠告者，一定是对我们怀有深厚感情之人。一个从来不曾受到他人忠告的人，看似完美无缺，实际上可说是一个毫无良好人际关系的真正孤独者。

由此看来，男孩若能受到忠告正说明周围有人在关心他。"不闻不论，则智不宏。不听至言，则心不固。"（《申鉴》汉荀悦）但是，需要让男孩了解的是，若接受忠告时的态度不够坦然，则将会使他的朋友弃他而去。从另一个角度来说，忠告者也能从他的态度中得知他是一个坦诚的人，或是个骄傲自大的人，或冥顽不灵的人，进而影响对他整个人格的评价。一个谦虚上进、追求完美的人一定是个能够接受任何善意建议的人。如此，即使是与他只有点头之交的人，也将乐于对他提出忠告。

具体而论，男孩在接受别人的忠告时应把握以下几点：

第一，要"照单全收"。忠告必须"照单全收"，至于正确与否，事后再慎加选择，切莫拒绝，更不能当场轻下诺言。很多人都会受到忠告，只有真正有智慧的人才能从中得到裨益。

第二，诚恳的道歉。"啊！是我疏忽了，十分抱歉，今后一定改进。""对不起，这是我的错，请你原谅。"如能诚心地道歉，对方一定能原谅。

第三，不逃避责任。别人忠告你时，如果你"但是""不过""因为"等如此一味地辩解，或急欲掩饰过错、保护自己，只会使你的过失更加严重，使存在的问题变得更加复杂。因而无法找到正确的解决之道。

第四，不强词夺理。有些男孩在犯错误之后，受到长辈的忠告，非但不思悔改，反而理直气壮地陈述自己不正确的理由，说什么："你也曾年轻过呀！难道你年轻时就那么十全十美从没犯过错误吗？"如此态度将使长辈甩袖而去，再也不管他的事了。这对男孩有害无益，而且将会阻碍他人格的发展。

第五，不自我宽恕。许多男孩遭到失败时，总是替自己找许多理由、借口来宽恕自己，认为自己并非能力不高，而是时运不济等。如持这种态度，则最终仍将无法克服自己的缺点，而使自己更显孤独。对于别人的忠告不要漠然置之，必须表现出乐于坦诚接受的态度。

第六，对事不对人。对于别人的忠告，应仔细反省其所指责的事物，而绝不应该耿耿于怀。敞开胸怀接受批评，彻底反省、思过、改进，接受忠告并善加活用，使他人的忠告成为自我成长的原动力，这才是一个明智的人应持的正确的处世态度。

给人赞美，给人认同

有人说："良言一句三冬暖，恶语伤人六月寒。"男孩要学会适时地给他人一句赞美，因为赞美的力量是无穷的。

台湾作家林清玄青年时代做记者时，曾写过一个小偷作案手法非常细腻，犯案上千起，却第一次被捉到的特稿。他在文章的最后，情不自禁地感叹："像心思如此缜密，手法那么灵巧，风格这样独特的小偷，做任何一行都会有成就的！"林清玄不曾想到，他20年前无心写下的这几句话，竟影响了这个青年的一生。如今，当年的小偷已经是台湾几家羊肉炉的大老板了！在一次邂逅中，这位老板诚挚地对林清玄说："林先生写的那篇特稿，打破了我生活的盲点，使我想，为什么除了做小偷，我没有想过做正当事？"从此，他脱胎换骨，重新做人。回头想想，如果没有林清玄当年对小偷的一句赞美，恐怕也不会有青年今天的事业与成就。

赞美就像浇在玫瑰上的水。赞美别人并不费力，只要几秒钟，便能满足别人内心的强烈需求。鼓励男孩寻觅他人值得赞美的地方，然后加以赞美，并把赞美他人变成一种习惯吧！

每个人都喜欢听赞美的话，被赞美时，心情会自然地轻松起来。如果说得好，会有利于双方的下一步交流；如果说得不好，则会适得其反。

恰到好处的赞美与违心的拍马屁，往往只有一步之遥，要让赞美的话在别人听来不是令人反感的拍马屁。

男孩在赞美他人时，要注意以下几点：

1. 真诚而得体

对别人的赞美需要真诚，而真诚离不开真实，要恰如其分地赞美对方，必须符合事实。如果要在一些细微的地方赞美的话，更需要对对方的工作、生活经历做一个大致的了解，以便准确地提出别人没想到你会提及的细小之处，这样往往能收到"润物细无声"的效果。

2. 赞美用词要得当

赞美的形成，在于一般双方都是面对面的，所以，内容上要具体，对象上要分明，有时尽管不直接涉及你所要赞美的客体，但对方早已心照不宣地知道你所指的是什么了。

同样，注意观察对方的状态也是很重要的一个过程，如果对方恰逢情绪特别低落，或者有其他不顺心的事情，过分地赞美往往会让对方觉得不真实，所以一定要注重对方的感受。

3. 赞美不可过分夸张

赞美需要修饰，但是过分、夸张的赞美就会变成阿谀奉承，让人感觉不到真诚，只留下虚浮和矫揉造作。丁聪有一次被别人冠以"画家、著名漫画家、抗战时重庆的三神童之一"，他听后就极不舒服，批评说话者给他戴了这么多帽子。

4. 少说陈词滥调

一些人的赞美言辞中，充满了陈词滥调，如久仰大名、百闻不如一见、生意兴隆、财源广进等。一些人在社交场合赞美别人时，只会鹦鹉学舌，说别人说过的话。

5. 在背后赞美

有时你当面称赞一个人时，他极可能认为那是应酬话、恭维话。而在背后说人好话，他会认为那是认真的赞美，毫不虚伪，于是真诚接受，并对你感激不尽。

6. 不可冲撞别人的忌讳

几乎每个人都有自己的忌讳，每个国家和民族都有自己的忌讳。忌讳仿佛是永不结疤的伤痕，每个人都不允许别人侵犯它。赞美别人千万不可触及对方的忌讳，否则，极易造成交际的失败，引起他人的反感。不要夸奖秃顶的领导："您真是聪明绝顶。"也不要当着残疾人的面赞美别人："我佩服得五体投地。"

赞美别人是对别人的一种肯定、一种理解、一种尊重；赞美别人，既是一种给予、一种馨香，又是一种沟通、一种祝福。赞美又是对他人的认同，是对他人成绩的肯定和称赞，容易引起彼此的共鸣。经常真诚地称赞他人的人，也一定能经常得到他人的称赞。告诉孩子，如果他想成为一个受欢迎的人，那就不要吝啬自己的称赞，带上自己的真心，收获对方的真诚。

对男孩开展"社会化教育"

乐群的男孩更易取得成功

人们在事业生活上取得成功的道路是各不相同的。但是，其中有一个主要因素则是共同的，那就是必须善于社交。

美国的赖斯·布吉林在他的《人际交往的艺术和技巧》一书中说："各种各样的科学研究已经证明，如果学会了如何与他人打交道，不管你的工作和职务是什么，那么你就在通往成功的道路上走完了85%左右的行程，而在取得自己的幸福上有了99%的把握。"

未来社会需要青少年具有社会交往和活动的能力，然而今天的独生子女恰恰缺乏与人交往、合作的机会，他们身上或多或少地有着不合群、自私等表现。男孩将来能否积极地适应各种环境，能否协调好与他人与集体的关系，能否勇敢地担起社会责任，能否乐观地对待人生等，都和社会交往密不可分。

一般说来，男孩在人际交往方面的问题主要有下面几种：

1. 自闭与防御心理

进入青春期后，青少年自我意识与独立倾向明显增强，自尊心很强，内心世界不愿向别人袒露，特别是在某方面受到挫折后，更容易出现自闭与防御心理。这种心理会加重思想负担，造成一定的心理压力。这种现象产生的原因是多方面的，有的是对因升学等原因导致的学习环境的变化不能适应，不能在新环境中很快建立新的友谊；有的则是因为怕自己不能被人理解，怕别人嘲笑自己的想法，认为对方不会以诚相待、不会为自己保密等。

2. 自卑与交往恐惧心理

这种心理会导致他们感情脆弱，忧郁孤僻，害怕别人看不起自己，不愿参加集体活动，不敢与人交往。也有的男孩因为在交往中受到过挫折和伤害，对交往怀有一种恐惧心理，在与人交往时紧张、手足无措，而因此导致的交往失败体验则会进一步加深这种心理。

3. 自我中心的心理

具有自我中心心理的男孩在与人交往过程中，处处从自己的利益出发，一味希望别人能听从自己，为自己服务，而不考虑付出。这些学生唯我独尊，不能听取他人意见，往往有骄傲自满的情绪，这种心理最终会导致他们成为人际交往中的失败者。这类男孩主要集中在两类群体中：一是以溺爱的家庭教养方式为主的独生子女，一是学习上经常获得成功体验、经常受教师表扬但对挫折的心理承受能力较差的"优秀学生"。

人是群体性的动物，只有在"群"中个人的力量才能发挥到极致。乐群，也就是乐于群体生活，能够在人际交往中如鱼得水，这是一项不可小觑的本领，甚至可以说是做人之本、成功之基。所以，千万不要认为这是与学习无关的小事，而要把它重视起来，从小培养男孩的人际交往能力，以便在日后的生活中得心应手。

培养男孩的正当竞争意识

走进男孩的世界，我们会发现：在任何场合，男孩最关心的问题就是，谁是头？

当女孩新加入一个朋友圈子之后，她首先想到的就是：我能和哪个小伙伴成为最亲密的朋友。但是男孩的想法与女孩截然不同，他会在心里盘算：谁是这群孩子的领头呢？

当女孩新来到一个陌生的班级，她最关心的就是：这些未来的同学不会欺负我吧？而男孩最关心的问题就是：班主任是谁？班长是谁？

心理学家认为，每一个男孩都有当领导的欲望，他们之所以每到一个地方都想迫切知道"头"是谁，是因为他更想知道在这个新领域的规则是什么，好确定自己的努力方向。

对于男孩来说，这种天性的特征只会向两个方向发展。也许会演化成男孩不断进取的力量，但如果缺乏正确的引导，也会促使男孩走向相反的方面：

男孩自己不愿意努力学习，但又想考个好成绩，于是他就和同桌串通好，让同学把写好的答案做成小纸条传给自己。

男孩平常表现得很出色，但在竞选班长的时候还是失败了。男孩心里很憋屈，于是找了几个"铁哥们"把他的竞争对手狠狠地"扁"了一通。

竞争是男孩的天性，行为专家曾这样说："一场比赛结束后，你会看到一个被打败的男人在真诚地向对手祝贺，其实在这背后，这个男人想的是如何在下一次将他打败。"有竞争心理是对的，但是要通过正当竞争，将来才会成为真正的男子汉。

作为家长，不用担心男孩这种过强的竞争心理，性别赋予了他们巨大的能量，这是男孩的优势所在。告诉你的男孩要遵守竞争的原则：公平、公正、正当，然后放手让他去争吧，这样会更有利于他长成真正的男子汉。

在当今的社会中，竞争是客观的存在，任何人都要面对。有的男孩因为害怕失败不敢参与竞争，实际上，竞争是激发男孩提高能力的有效形式，通过竞争可以锻炼男孩良好的心理素质。为了让男孩在将来的社会中占有一席之地，家长一定要重视培养男孩的竞争意识。

有个男孩在美国的一所中学读书，有一次学校里要选拔队员参加足球赛，想被选中的同学都要参加一个"淘汰竞争"的测试，对于每个同学来说，机会是均等的。能否参加足球队，完全看自己在竞争中的表现。

"淘汰竞争"的过程如下：开始的时候先绕学校跑3000米，接着是三组

400米，然后是四组100米往返跑……学生们都已经累得歪歪斜斜的，但是竞争远远没有结束。他们又开始了下一轮的竞赛，在赛场上，有的孩子抽筋，有的孩子晕倒，有的孩子呕吐……

即便是如此，没有男孩愿意放弃或者是主动退出。他们已经记不清自己跑了多少圈，但他们一直都坚持着。

"只要没有到最后一分钟，谁都有机会。现在看那些跑在前面的，说不定下一轮就落后。"

这种"淘汰竞争"在中国很少见，其实它的意义不仅限于对男孩的体能测试，更是一场对于意志的较量。通过竞赛性的活动可以使男孩体味到竞争的快乐，学会承受失败的痛苦，品尝到胜利的喜悦，有助于培养男孩积极向上的品格。

害怕竞争没有任何意义，培养男孩的竞争意识应当从小开始，逐渐形成良好的竞争力。

培养男孩的竞争力应做到以下几点：

首先，要注意发展男孩的个性。个性也代表着男孩的独特性。个性突出的男孩往往蕴含着无穷的竞争力量，一个男孩能够自立、自律、自主，其竞争意识和竞争能力往往超过别人。所以家长不要只把着眼点放在让男孩学习更多的知识上，还要鼓励男孩掌握更多的才能和本领，形成完善的人格。

其次，要鼓励男孩勇于创新。家长可以鼓励男孩自己发现问题，多参加亲自动脑、动手的活动，激发孩子的求知欲和求知兴趣，让他尝试着自己解决问题。家长不可以限制男孩的思维和手脚，而应对于男孩的新思想给予肯定和表扬，并鼓励男孩坚持探索。

再次，要鼓励男孩积极参与竞争。传统上，人们用"乖"作为评价孩子的标准。但是听话的孩子往往是缺乏个性的，尤其是男孩。现在的家长更需要从小培养男孩独立自主、敢想敢干的精神，鼓励男孩走出家庭的保护，融入社会。

最后，要鼓励男孩相信自己。让男孩用自己的真实感受来表达这个社会，当他可以用自己的价值观来判断社会的时候，就会给自己一个正确的定位，也就有信心去实现自己所追求的目标。相信自己，本来就是一种自我竞争，如果一个男孩自己都不敢相信自己，那他又怎么会有与人竞争的勇气呢？

做男孩的"外交顾问"

美国心理学家卡耐基认为："一个人的成功30%靠才能，70%靠人际关系。"家长应该帮助孩子学会人际交往，注重培养孩子的人际交往能力。未来社会需要下一代具有社会交往和活动的能力，然而今天的许多孩子恰恰缺乏与人交往合作的能力，他们身上或多或少地有着自私、不合群的表现。为保证下一代的良好素质，家长应当重视孩子交往能力的培养。

一户新邻居搬了过来，琼斯太太注意到他们家有一对活泼可爱的双胞胎，于是，她对自己的儿子瑞克说："宝贝，你要有新朋友了，你为什么不出去向他们打个招呼并带他们到周围转转，帮他们熟悉一下环境呢？"瑞克歪着头想了一会儿，出去了，但他站在篱笆旁看着那两个孩子忙忙碌碌地整理东西，试了几次没有开口。最后，瑞克回到了房间，很遗憾地对妈妈说："我很想成为他们的朋友，但我不知道该怎样跟他们搭腔。"妈妈立刻意识到，自己需要为孩子的交往提供一些必要的帮助。妈妈没有说话，而是以实际行动来说话——她做了儿子没有做到的事。事后，儿子说："以后我知道该怎么做了。"

现代中国儿童由于多是独生子女，或是太"独"而不利于与人交往，或是缺乏一定的社交锻炼而不会主动与人交往。这就为孩子今后的生活与发展带来很大障碍。作为家长，你能否帮助孩子与人成功地交往呢？

在平时，你是否会关注孩子有没有朋友，与同龄伙伴来往得亲密与否？

当自己的孩子与伙伴交往出现问题时，你是否曾帮助孩子寻求解决的办法，并分析原因？

人的社会化只有在人际交往中才能得以进行和实现。随着男孩的成长，交往的形式日趋多样化。男孩的交往性质和交际水平，直接影响着他们社会化的水平。

男孩的个性除受先天遗传因素影响外，更重要的是后天环境的影响，长期生活在友好和睦的人际关系中，就会乐观、开朗、积极、主动。儿童时期是人的个性定型时期，积极的社会交往，有助于个性的发展和优化。

男孩人际交往的时间和空间越大，精神生活就越丰富，得到支持与帮助的机会就越多；而交往得不到满足时，孩子的情绪就会低落，心理失衡得不到调整，就容易导致身心疾病。

人际关系还涉及个人潜能的发展。因为人际关系好的人，表示他的感悟性好。人际关系好的孩子既能够善解人意，同情别人，又能把握住人际交往中的分寸。

世界级哲学大师西格蒙特·弗洛伊德的学生哈里·苏利万非常重视人际关系对孩子性格发育的重要性。他认为孩子的性格发育与他的人际关系总和是相等的。

男孩到七八岁时，开始脱离父母，越来越看重同学和朋友对他的态度。尽管他们的感情食粮理所当然地要从家里获得，但从朋友身上也能得到帮助。苏利万认为，儿时的友谊影响孩子的交友习惯、自尊心等，其程度几乎相当于父母的抚育和爱。相反，如果孩子失去朋友，或者不被同伴接受（尤其在上小学时），那么即使日后取得一定的成功，也会有一种不安全感和不满足感。

一些父母为孩子太"独"而发愁，他们只想着自己，不管他人。这样的性格在父母面前没问题，可到了学校，到了社会，他们怎么能够与人和谐地相处呢？孩子以自我为中心的习惯确实是个问题，如果放任不管的话，必然会影响到孩子未来的发展。因此家长应当采取措施，帮助孩子学会与人交往。

家长要为男孩营造"休戚相关"的家庭氛围。父母之间应相互体恤，乐于奉献。若男孩耳朵里听到的总是"谁干多了，谁干少了"之类的相互埋怨，男孩就只能体会到付出的痛苦，无形中他会形成"要索取不要付出"的观念。另外，还可以通过让男孩参与一些事，使其与家庭融为一体。还可以让他做些力所能及的家务，以培养男孩的合作意识。

家长还应教男孩学会分享。男孩难免都有自私的倾向，我们可以教会男孩与人分享，并体会分享的快乐。比如让男孩和小伙伴一起玩游戏就是一种分享。当然，一起玩并不是简单地凑在一块，而是共同参与一项活动。

吃亏是福

有人问李泽楷："你父亲教了你一些成功赚钱的秘诀吗？"李泽楷说，

赚钱的方法他父亲没有教，只教了他一些为人的道理。李嘉诚曾经跟李泽楷说，他和别人合作，假如他拿 7 分合理，8 分也可以，那么拿 6 分就行了。

李嘉诚的意思是，吃亏可以争取更多人与他合作。你想想看，虽然他只拿了 6 分，但现在多了 100 个合作人，他能拿多少个 6 分？假如拿 8 分，100 个人会变成 5 个人，结果是亏是赚可想而知。李嘉诚一生与很多人进行过或长期或短期的合作，分手的时候，他总是愿意自己少分一点钱。如果生意做得不理想，他就什么也不要了，愿意吃亏，这是种风度，是种气量。也正因为这种风度和气量，才有人乐于与他合作，他也才越做越大。所以李嘉诚的成功更得力于他的恰到好处的吃亏处世经验。

若一个人不肯吃亏，则必想占便宜，于是，妄想日生，骄心日盛。而一个人一旦有了骄狂的态势，难免会侵害别人的利益，引起纷争，在四面楚歌之中，岂有人再和他合作，焉有不败之理？因此，男孩在社会上与人相处的时候，吃了亏也不是什么坏事情，在这一过程中他们就会学会理解和包容，我们不能鼓励男孩子主动吃亏，但是当他们吃亏时，要让他们知道吃亏也是一种成长。

生活中有些男孩子，他们为某个共同目标，一起努力。然而，在分配劳动果实时，却会发生不愉快的事，因为他们都斤斤计较，都认为对方占了便宜，谁也不愿吃亏。这样僵持不下，就会使得已经到手的东西得而复失。父母要让男孩子明白，世界上没有绝对的公平，不要因为自己吃了亏，就抱怨不公平。

有这么两个渔人，一同出去捕鱼。

他们来到河边，两人捕了很多的鱼。在分鱼的时候，两人发生了争执，都说自己分少了，对方分多了。没有办法，他们决定在河边挖一个水坑，暂时把鱼放在里面，回家去拿秤来重新分配。可是等他们回来的时候，水坑里的鱼却早已从里面跳出来，游进了河里。他们感到十分懊恼，互相埋怨对方。

在这时，他们听见了野鸭的叫声，决定去捕野鸭。正当他们接近野鸭准备射击的时候，其中一个人说："先别忙，咱们先说好野鸭怎么分配，免得又让野鸭跑了。"于是二人为分配的事情又争吵起来，他们争吵的声音惊动了野鸭，野鸭马上就飞走了。可是二人仍在那里争吵不休。

所以，在小事上，父母要告诫男孩，绝不可太拘泥于绝对的公平，事实上，绝对的公平是不存在的。关键是，你要从长远利益出发，小不忍则乱大谋。切忌斤斤计较，鼠目寸光。这样才能给自己的将来开启一扇美好的窗。

"吃亏"是一种境界，更是一种睿智。能吃亏的男孩，往往是一生平安，幸福坦然。吃亏本身就是一种福气，吃了眼前的"亏"，会把事情做得更好。吃亏一事，得益十事；吃亏一时，则可能安乐一世。

吃亏是福不是祸。当男孩面对艰难的处境，父母要让他们学会信奉"吃亏"哲学，就因为吃亏是一种谋略，是不计较眼前的得失而着眼于大目标。

有一个年轻人大学刚毕业就进入出版社做编辑，他的文笔很好，更可贵的是他的工作态度。那时出版社正在进行一套丛书的出版，每个人都很忙，但上司并没有增加人手的打算，于是编辑也被派到发行部、业务部帮忙。整个编辑部几乎所有人去一两次就开始抗议了，只有那个年轻人愉快地接受指派，毫无怨言。后来，他又去业务部参与销售的工作。此外，取稿、跑印刷厂、邮寄……只要开口要求，他都乐意帮忙。其他同事都认为他"吃亏"了，但两年过后，他自己成立了一家出版公司，做得很不错。

原来，他在"吃亏"的时候，把出版社的编辑、发行、直销等工作都摸熟了。现在，他仍然抱着这样的态度做事，对作者，他用吃亏来换取作者的信任；对员工，他用吃亏来换取他们的积极性；对印刷厂，他用吃亏来换取品质……由此看来，他凭吃亏占到了便宜。

如果吃亏能让男孩得到比其他人更多的工作经验、更多的发展机会，那么吃亏也就是占便宜。故事中的年轻人，在最初工作的时候，被老板和其他员工指派，但就是在这个过程中，他积累了工作经验、人脉关系，在短短两年之后，便成功地开始了自己的事业。

但是很多男孩都不想吃亏，认为吃亏是一种侮辱，这个时候父母要做的是：

1. 要及时给予安慰。尽管吃亏能让男孩成长，让他们学会很多与人相处的人生经验，但人生有顺境的时候，谁也不想走逆境。所以当男孩吃亏的时候，父母要耐心给他们解释，平息他们的愤怒，尽量让他们从中看到自己得到的东西，这才是他们吃亏后得到的最大的资本。

2. 要培养他们宽大的心。生活中磕磕碰碰的小事情不必放在心上，当他们在吃亏后以一颗宽大的心包容的时候，就会赢得更多的朋友。

帮助孩子融入校园环境

学校里的烦心事

学校是男孩们学习知识、学习如何与人相处的地方，家长希望孩子过得快快乐乐的，但是，时不时地会有一些烦心事发生，让男孩愁眉不展。家长应该多和男孩聊聊天，问问男孩在学校遇到了什么问题，及时帮助男孩解开心中的疙瘩。

有的男孩担心同学们不喜欢自己，家长要告诉孩子，每个人都有自己的个性，不同个性的人会欣赏不同的人。如果同学们都不喜欢他的话，说明他的性格里存在着一些不足，那么就要检查自己个性里的不足，来获得同学的喜欢了。

其实，个性没有好与坏之分，但是有些方面会让人不喜欢，比如过于自私等。不被同学喜欢是一件非常痛苦的事，在学校的日子是学习科学文化知识的关键时期，如果和同学关系不好的话，肯定会影响情绪，会出现消极的心理，孤独感和失落感都会找上门来，长期下去，还会导致抑郁。改变这种现状，男孩要从以下几个方面做起：

1. 学会融入同学。要避免过于孤僻，不要一个人躲在角落里，要积极主动地融入同学之间，多参加同学之间的活动，做一个善于协调的人，让同学因你的存在而感到轻松快乐。

2. 多向人缘好的同学学习。多和人缘好的同学交往，用心学习他们招人喜欢的长处，并把它运用到自己的交往里。从而学会和不同个性的人打交道，并真诚地接纳他们。

3. 多参加活动，培养自己的性格。一个人如果性格过激或过于自我的话，就会缺少朋友。可多参加集体活动，为集体做些有意义的事情，让自己找到自身价值的所在，增加自己的自信，做阳光的青春期男孩，为其他同学带去青春的色彩。

总之，男孩没有必要为人际关系而不安，只要努力改善自己的性格、用真诚打动同学，是能成为被同学喜欢的人的。

男孩还有一种较为普遍的烦恼事，就是学习不好。人们一般都认为男孩大大咧咧，其实男孩也是很敏感的，尤其是进入青春期的男孩，他们会很在意周围人对自己的看法。而在学习成绩还是衡量学生的标尺的现代社会，成绩不好的男孩子，就会产生自卑的心理，认为大家都在歧视他。这种心理是很正常的，但是，歧视存在与否是值得商榷的。

为什么学习不好会产生这种心理呢？很多是由于青春期的自卑感。进入青春期以后，男孩子们就更关心自我价值，关心别人是否注意到了自己，希望别人对自己刮目相看。学习成绩就会成为得到注视的对象，有的学校还会把成绩贴在教室里面，以促进学生学习，但是，男孩会因此而产生一种自卑心理。

有自卑心理的男孩又会显得更为敏感，他们的自尊心很容易受到伤害，自信心也会不足。他们会给自己标上差生的称号，而无法心平气和地去学习，显得急躁。这种自卑感深入来讲是一种自信心的欠缺。

家长要问男孩一个问题：学习成绩是恒久不变的吗？成绩的好坏和个人的努力有关，只要努力就可以改变现状，所以，差生不会是一个摘不掉的帽子。差生应该付出更多的努力，而不能自甘沦为差生，这样才能找回自信心。

此外，要知道，社会对人才的需要不是单靠成绩来确定的，随着社会的多元化，也就需要多方面的人才，升学也并不是唯一的出路。只要能实现自己的价值，为社会尽自己的一份力量，就是有意义的人生。

学习不好的男孩烦心，学习好的男孩也会烦心。他们烦心的原因，恰恰是因为学习太好了。

现在在校园里经常会出现恶意攻击的事，很多情况下这种恶意攻击是弱者的行为，他们会用语言或行动来攻击别人的强势。特别是男孩子之间，如果过于优秀，就有可能被恶意攻击。优秀的男孩子要认清这绝对是出于嫉妒心理，不能为了避免恶意攻击，而拒绝优秀。

其实，青春期里的男孩子都有很强的好胜心理，都想在老师、家长、包括女生心里成为优秀者。但是，"尺有所短，寸有所长"，每个人的特长不一样，受关注程度也就不一样。男孩之间的嫉妒也就非常正常了。根据调查，现在中学生存在的打架斗殴现象，很多都是出于嫉妒，比如，某某成绩好，长得又帅，从而得到很多女生的喜爱，而其他的男孩子就会嫉妒，想出这个男孩子的丑，就会恶意攻击。

告诉男孩，一定要保持住自己的优秀。怕因为优秀而引发妒忌就故意隐藏自己的光芒，是不对的。在平时的学习生活中，即使遭人妒忌，也要保持平和的心态、优雅的风度，不自傲、不自满。其实，即使那些因为妒忌而欺侮男孩的人，也是普通的孩子，他们因天性而妒忌，但是本性还是纯洁善良的。面对一个优秀而有修养的男孩，日子久了，他们自然而然会停止无谓的妒忌，与男孩和善相处。

不过，如果对方的恶意攻击过激时就要提防了。因为有的男孩子会出于嫉妒而殴打优秀者。告诉孩子，如果发现这种苗头立刻要向老师和家长反映，这是对自己和他人的负责。

学校里的小帮派

学校是社会的缩影，孩子们在学习之余，会不自觉地模仿大人们的举动，做一些社会上的人才会做的事情。比如，每个学校都会有一些小帮派，他们往往是最好的朋友，上学一起来，放学一起走。几个孩子平时总在一起玩，在与其他孩子发生冲突的时候，还会"集体出击"打群架。他们认为自己的行为很潇洒、帅气，却让家长和老师担心不已。

有一个很讲义气的男孩子，在班上是"带头大哥"，他周围聚集了几个脾气相投的男生，大家抱着"有福同享，有难同当"的想法，把彼此的事情都当成自己的事情来看待。

有一天，这些孩子中一个叫黄凯的男孩与高一年级的同学马力发生了争执，吃了点亏。于是，黄凯便向他的那帮哥们儿求助。带头大哥看着受了委屈的黄凯，心想：哥儿们有难，我怎么能袖手旁观？于是立刻拉上他的那帮哥们儿，气势汹汹地冲向了马力的班级，马力看架势不对，急忙道歉，但是大哥为了在朋友面前挣足面子，硬是将马力劈头盖脸地狠揍了一顿。结果，马力直接被送到医院急救，而这个带头大哥也受到了学校的严厉处分。

在影视剧里面，人们经常见到那些为了朋友不惜上刀山下油锅的人，他们又往往被现实生活中的男孩子们诱惑，误认为那样就是英雄好汉，于是，自己也开始在身边的朋友圈中拉帮结派，"哥们儿义气"便盛行开来了。

确实，"义气"在历史上也曾一次次被传为佳话，如刘、关、张的桃园结义，为了结拜兄弟甘愿肝脑涂地。再或者梁山好汉，他们现在似乎已经成了义气的代名词。但是那毕竟是在古代，并且是在战火纷飞的时代里。而今天的男孩子们与意气相投的朋友结合在一起，往往有意识地将自己与意见不同的人对立起来，稍微受到外界的影响便容易将矛盾放大，进而采取打击报复的方式来彰显自己所谓的"义气"，而结果呢，往往是伤害了别人，也耽误了自己。

男孩们进入青春期，更为躁动，家长要告诉孩子，遇到同学间可能出现的各种矛盾一定要冷静处理。多站在别人的立场上考虑，不要轻易将对方搁置在对立面上，这样不但不利于矛盾的解决，反而容易激化矛盾。如果一心只想着帮圈子里的哥儿们，把黑社会的帮派气息带进学校，无疑会对学校良好的氛围造成亵渎与污染。

因此，要教育容易冲动的小男子汉们，不要将自己锁定在某一个小圈子里，身边的所有同学都有优秀的一面，都有值得自己学习的地方，也都有需要别人帮助的时候，不要轻易将他人排斥出去，要学会理解他人，关爱他人，这样自己身边的朋友会多很多，不管对人还是对己都是利大于弊的。走出"义气"小圈子，男孩会成熟很多。

不屈服于暴力

校园原本是一个学习的安全地带，也是一个同学间友谊丛生的花园，但是身处其中，依然有种带有伤害性的势力需要每一个孩子去警惕，那就是校园暴力。

为了更好地保护自己，男孩一定要学会一些应对技巧，以便在遇到危险时及时处理。下面的这个男孩的做法就可以成为参考。

杜鹏家里很有钱，他平时吃的、穿的、用的都比别人要好一些。这天，杜鹏下午放学后，独自一人往家走。刚出校门，几个经常小偷小摸的高年级同学盯上了他，并装模作样地对他说："杜鹏，走，咱们不是说好了要去踢足球吗？"另一个同学小声说："别说话，跟我们走，否则后果自负。"杜鹏无奈，只好让他们拉着来到一条偏僻的街道。

杜鹏看看四下无人，这些人又虎视眈眈地望着他，不禁有些害怕。这时，其中一个长得比较凶的同学冲着他说："小同学，穿得挺好嘛！家里挺有钱吧？哥们儿我这几天缺钱花，跟你借点儿，行吗？"杜鹏心想照眼下形势，不给他们是过不了关的，就用心记下了他们每个人的特征，把自己身上的钱给了他们。

那个比较凶恶的同学说："小兄弟，不错嘛，挺识相的。不过，你要是把今天这事说出去的话，小心你的命。"说完狠狠瞪了他一眼，然后离开了。

杜鹏回家后就把这件事告诉了爸爸妈妈，并随爸爸妈妈到公安机关报了案。没过几天，那几个高年级同学就受到了相应处分。

杜鹏遇到高年级同学勒索钱财时的做法很妥当。面对"小霸王"，首先不要害怕，勇敢地应对，可大声呼喊同学和老师，寻求帮助，要随机应变，不轻易妥协。应以人身安全为准则，在寻求解脱困境不成时，可以把钱给对方，然后用心记住对方的特征，事后向老师、家长报告。

当校园"小霸王"碰巧是男孩认识的人的时候，不妨先主动接纳他，不要把他当成人人唾弃的小霸王，尊重他，努力地发掘并赞扬他的优点，不卑不亢地与他相处，并帮助他，这样或许可以为你赢得一个朋友。毕竟许多学坏的同学内心都是向善的，只是受了某些因素影响而暂时误入歧途。当然，首先要保证对方处在学校、社会的教育控制之下。如果对方被利益迷惑了自我，且已不顾一切行为的后果，则应坚决地把这种事交由老师、警察处理。

这里有一些方法能够教男孩如何正确面对校园暴力：

1. 上学放学时同学们最好结伴而行，遇到危险时要团结一致、互相帮助。

2. 不随意花钱，不张扬用钱，在培养勤勉、节俭美德的同时，淡化勒索者的注意力，避免"恶少"纠缠。

3. 处于险境，紧急求援。当自己无法摆脱坏人的挑衅、纠缠、侮辱和围困时，立即通过呼喊、打电话、递条子等适当办法发出信号，以求警察、老师、家长及群众前来解救。

4. 千万不要跟对方"私了"，不要私下一个人赴"恶少"的"约会"，以免遭到他们的伤害或长期欺压、纠缠。

告诉男孩，面对校园"小霸王"，不要硬碰硬，这样往往容易使自己吃亏甚至受伤。面对校园暴力，要不卑不亢，机智应对。即使自己真的应付不了，那也不是自己的错，不需要隐藏，而要在事后及时地寻求家长或老师的援助，这样才能够让自己尽快地走出困境。

你能很好地解决矛盾

在校园里，男孩子是朝气澎湃的一群，是敢作敢当无畏无惧的一群，家长和老师往往容易忽视的是，他们也是敏感多思的一群。随着年龄的增长，男孩子会特别的注意别人对自己的看法，担心自己哪点做得不好会被人误解。

误解是指认识与对象的不一致，由于认识上的错误导致意思表示与内心意志不一致。而人们之间的误解是彼此理解的偏差，被误解就是被别人错误的理解，这种错误的理解还有可能导致隔膜。

马默是班里的数学课代表，可是他发现班里的同学并不喜欢他，一些男生还明显表现出了敌意。马默认为自己没有什么地方做得不好，他不知道问题出在哪里。

其实，问题不出在马默身上。对于学生来说，中学是学知识的关键时期，所以课代表的职务也显得异常重要。但是，很多男孩子不喜欢课代表，课代表成了不受欢迎的代名词。

课代表一般都是班里成绩比较好的学生担任，这样有助于帮助学生提高学习成绩。课代表的职务最重要的就是负责收发作业，及时向老师汇报同学的学习情况，督促学生完成老师布置的作业，配合老师的工作，等等。由此，我们能看出课代表为什么不受欢迎了。课代表和老师走得比较近，学生会担心课代表向老师汇报自己不好的情况。另外，课代表会一直督促着同学交作业，繁重的作业让学生焦头烂额。所以，会有学生不喜欢课代表，其实是间接的害怕学习。

其实，马默并没有错，男孩子不喜欢课代表，要从自身找原因，比如，自己上课是否认真学习了，或者作业是否按时完成了等。如果男孩各方面做的都比较好的话，就不会不喜欢课代表了，甚至还会盼着课代表带来老师的反馈信息。

发现了这一情况后，马默心里踏实了许多。他会更多地与同学交流相关情况，让同学了解自己并不是老师的"小探子"，慢慢地大家对马默的态度有了不小的改观。

渐渐长大的男孩是非常敏感的，他们渴望被理解，又害怕被误解。而这种误解又常常发生。青春期里的男孩常见的误解可以分为同性之间的误解和异性之间的误解。一般来说，同性之间的误解比较容易化解，而异性之间的误解则不容易。因为，到了青春期，男孩子和女孩子都敏感得很，一旦误解产生，女孩子又往往拒绝沟通，男孩子会显得手足无措。

在学习和生活中，和同学、老师等打交道时，产生误解是很正常的。告诉你的孩子，如果被误解不要心事重重，不要置之不理，不要首先抱怨别人，要先反思一下自己哪儿做得不够好，然后再真诚地去向别人解释清楚，或者用自己的实际行动改变自己的形象，让别人了解到真实的自己。

洛克菲勒曾说过："假如人际沟通的能力也是同糖或咖啡一样的商品，我愿意付出比太阳之下任何东西更高的代价购买这种能力。"所以，学会和他人沟通是很有必要的，青春期的男孩子一定要学些沟通的技巧，让沟通成为一种享受。

不过，男孩们一般不会遇到什么很深的不可化解的误解，在最纯真的校园生活里，拿出一颗真心，对待每一个人，也不会有什么不可化解的矛盾。

第七章

"雾里看花"的智慧
——男孩父母应懂一点教育心理学

解析所谓的"坏小孩"

说谎心理：孩子天生不会说假话

撒谎是一种虚构事实的行为，这种行为如果不能得到适当的对待，会逐渐加剧，并稳定成为人个性心理的组成成分。随着年龄的增长，男孩们或多或少都出现过撒谎的行为，一位母亲讲过这样一个故事：

放学时我问乐乐："今天有没有考试？"他非常坦然地说："昨天就考完了。"我相信了。

回家才翻到一张数学试卷，只有60分，我很愤怒。

不是因为他的分数低生气，而是气愤他说谎，震惊于他那一脸的坦然。什么时候他学会说谎了？无比心痛。

这一段时间他考试成绩一直不太好，我和他爸爸都很着急，脸色也不太好看。我想他是压力太大，昨天我们教训了他半天，因为他语文考了80分，今天数学不仅没有长进，反而比语文低了20分，他怎么敢告诉我们呢？只有说谎。

另一位妈妈发现自己的孩子也有类似的行为：

马可从幼儿园回家后，高兴地告诉我："我在歌唱比赛中得了第一，老师给我发了一块巧克力，可好吃了。"后来妈妈碰到老师，老师说："没有啊！马可他根本没有参加比赛。"马可还对班里的小朋友说："我爸爸是集团老总，我妈妈长得像白雪公主……"我非常惊讶，孩子什么时候学会"说谎"了。

一次，当我向李老师"痛诉"儿子的撒谎行为时，自己却遭到了质疑。李老师认为，孩子撒谎多是跟大人学的。我反省自己的言行，不禁大吃一惊，原来自己无意识的"撒谎"行经，已经成了孩子的"榜样"。

现在的父母都会对自己孩子的撒谎问题感到恼火，但孩子天生是不会撒谎的，谁都不愿用撒谎来为难自己。他之所以撒谎，不外乎两个原因，一个是模仿大人，一个是迫于外界的压力。

男孩很容易受父母潜移默化的影响，父母无意识的行为也可以造成男孩学会说谎的可能性。虽然没有一个家长去教孩子说谎，即使经常说谎的家长也并不喜欢自己的孩子说谎。但如果家长在和男孩相处中，经常对男孩说一些谎话，比如说"我给你买个玩具"，可是总不兑现承诺；或者是家长在孩子面前对别人说谎，孩子经常目睹这种情境的话，也会慢慢学会说假话。

有时，男孩并不想说谎，但是迫于家长的压力，他们便开始找借口来逃避父母的惩罚。比如，有的家长很严厉，孩子稍微有点小错，就开始大声训斥，打骂。或者是不尊重孩子的想法，凡事都干涉孩子，并且强制孩子按照自己的意愿生活。这些都会造成男孩的情绪紧张和不平衡，他们为了逃避处罚，于是开始了妥协，也开始了说谎。

当男孩宁可承受说谎带来的压力与痛苦，也不告诉父母真相时，说明孩子在潜意识中已不信任父母了。父母与其指责孩子说谎，不妨去反省自己的教育方式：是否给了孩子过大的压力，是否总想控制孩子的想法，是否自己的谎话被孩子听到……父母有责任通过改变自己唤起孩子的改变，使谎言止于"源头"。

厌学心理：追溯男孩厌学的根源

岚青上初三了，马上面临着毕业考试，因此，父母对他管教得严厉了一点儿，尤其是学习方面。但是，父母发现，岚青似乎是越来越不爱学习了，成绩也开始直线下降。父母着急上火，但岚青自己却像个没事儿人似的整天优哉游哉的。

岚青的父母跟老师诉苦："原来放学还知道看看书、做作业，可一上初三就连作业都不做了，书也不看了。要么看电视，要么就坐在电脑前，不是上网就是打游戏，反正就是不看书不做作业。你说他两句吧，他就'嗯''啊'，说一会儿就去，可过半个小时你再看，他还在那玩呢。

"我们尽量去和他做朋友，逮住机会就做思想工作，可怎么说也没用，道理他都听不进去。问他为什么不学，他说'不为什么，就是不想学'。孩子这么大了，我们不可能，也不想整天监督着他学，可他根本理解不了父母的苦心。

"有时候早晨去学校的时候，他总是磨蹭再三，拖拖拉拉的，似乎是很不愿意去学校。"

很明显，岚青有了厌学情绪。

厌学心理是对学习产生厌倦乃至厌恶，从而逃避的一种心态。这种心理状态直接影响到孩子的学习，并危害他们的身心健康。

大多数男孩的厌学与他们是否聪明没多大关系，而与家庭、老师、同学以及自身的基础等因素有关。

家长对男孩的期望过高，加重了男孩的学习负担，当男孩无法承受这些重负时，会对父母的做法产生反感，进而发展到讨厌学习、讨厌上学。如上文中的岚青就是一个典型，由于父母对其学习过于苛刻的要求，他产生了厌学心理。

学校是学生学习的地方，也是孩子与人交往的地方，和老师、同学的关系，将会对孩子的学习产生很大的影响。老师对男孩的定位与品评将直接影响到他的学习，如果老师总是觉得孩子是后进生，总是批评孩子，那么他很容易产生厌学心理。与同学关系处得不好，也可能会让孩子产生厌学心理。

有很多男孩学习十分努力，却总是拿不到好成绩，无法从学习中得到满足感和成就感，多次受挫，逐渐形成"我是差生"的观念，又反馈到学习行为上。这样恶性循环下去，势必会产生厌学心理。

父母与其为孩子"可恶的厌学情绪"感到焦虑，不如将其看作一个重新审视家庭教育的机会。因为大多数孩子厌学多缘自家庭的原因，进而不愿意上学、拒绝上学。父母不妨从自身找原因，对自己的教育、家庭关系进行反省，例如：是不是对孩子太苛刻了，父母吵架是否给孩子造成了压力，自己是否总是把情绪带回家等，重新建立一种和谐、自由的家庭环境。父母要放弃以往指责孩子的教育方式，努力发现孩子学习和生活中的优点，并经常嘉奖。

此外，帮男孩同老师和同学建立良好的关系也是一个不错的方法。平时，父母要有意识地培养孩子与小朋友交往的能力，多带孩子参加一些集体活动，以改进孩子心理上对集体生活的适应能力。

攻击性心理：关注欺负小朋友的男孩

小飞和莎莎正在画画，小飞缺一支红色的蜡笔，看见莎莎笔盒里有一支，伸手就去拿，嘴里还说："这是我的。"莎莎不肯给他，小飞气得把莎莎画画的东西全扔掉，还用脚去踢莎莎。

8岁的轩轩散漫、冲动、好斗，言行极具攻击性，一年级下学期闻名全校。成绩门门红灯高挂，调皮捣蛋得出奇。老师见他头疼，同学见他害怕，上课破坏纪律，下课欺负同学，一会儿把同学的球抢过来扔掉，一会儿把女同学正在跳的橡皮筋拉得有十来米长，一会儿又故意用肩去撞对面过来的同学。如果谁说他一句，他就会对他拳打脚踢。

亮亮学习成绩差，性情怪异，不讲卫生，手脸总是有污秽；人际关系恶劣，总是欺负周围的同学，有时无缘无故打同学一巴掌或踢同学一脚，或者故意拿同学的东西。不尊重老师，对老师的要求不屑一顾，经常弄得全班同学哄笑不已，影响非常恶劣。

攻击性心理是指因为欲望得不到满足，而千方百计实施一些攻击性行为，以别人痛苦为乐的心理。它在不同的年龄阶段有不同的表现形式。孩子的攻击性心理在幼儿园阶段主要表现为吵架、打架，是一种身体上的攻击；稍大一些的孩子更多的是采用语言攻击，谩骂、诋毁，故意给对方造成心理伤害。从性别攻击心理来说，男孩以暴力攻击居多，女孩以语言攻击居多。

男孩攻击性心理的形成大致有三方面原因：遗传因素：有些攻击性强的男孩可能存在某些微小的基因缺陷；家庭因素：家长对男孩的暴力惩罚，往往使男孩产生一种抵触情绪，并把这种恶劣的情绪"转嫁"到别的人身上，找别人出气。家长过度的溺爱也会铸就这种惹事"小霸王"；环境因素：美国心理学家班杜拉通过一系列实验证明，攻击性心理具有模仿性，如果儿童经常看暴力影视片、武打片，玩暴力电子游戏，接触具有暴力倾向的人，会强化这种攻击性心理。

攻击性心理甚至会影响到男孩的整个人生，如果这种行为没有得到及时纠正，那么等到他成年后，就会出现人际关系紧张、社交困难，甚至走向犯罪。

同是感冒，要用对症的药物才有效，而同属于"攻击性心理"，也要根据不同的诱因来"对症下药"。以下是几种"药丸"，请父母给男孩对症用药。

1. 父母应停止那些攻击性的言行，创造一个良好的家庭气氛，有充足的时间陪男孩玩。

2. 不让男孩看有暴力镜头的电影、电视，不让男孩玩有攻击性倾向的玩具。

3. 永远不对男孩的"攻击性行为"进行奖励。

4. 教男孩学会正确的"情绪宣泄"。

5. 饲养小动物，鼓励男孩的亲善行为，培养男孩的爱心。

6. 引导男孩进行"移情换位"，经常给他假设"你是被攻击的小孩，会有什么感受？"

让男孩认识陌生的自己

自我认知心理：我的价值与众不同

"认识自己"在心理学上叫"自我知觉"，即人对自我的感知。认识自己是非常重要的，一个人越了解自己，就越有力量。因为他知道如何扬长避短，如何最大程度发挥自己的潜力。很多成功人士都是了解自己的人。

一位作家的寓所附近有一个卖油面的小摊子。一次，这位作家带孩子散步路过，看到小摊子生意极好，所有的椅子都坐满了人。

作家和孩子驻足围观，只见卖面的小贩把油面放进烫面用的竹捞子里，一把塞一个,仅一会儿就塞了十几把,然后他把叠成长串的竹捞子放进锅里烫。

接着他又以极快的速度,将十几个碗一字排开,放作料、盐、味精等,随后他捞面、加汤,做好十几碗面前后竟没有用到 5 分钟,而且还边煮边与顾客聊着天。

作家和孩子都看呆了。

在他们从面摊离开的时候,孩子突然抬起头来说:"爸爸,我猜如果你和卖面的比赛卖面,你一定输!"

对孩子突如其来的话,作家莞尔一笑,并且立即坦然承认,自己一定输给卖面的人。作家说:"不只会输,而且会输得很惨。我在这世界上是会输给很多人的。"

他们在豆浆店里看伙计揉面粉做油条,看油条在锅中胀大而充满神奇的美感,作家就对孩子说:"爸爸比不上炸油条的人。"他们在饺子饭馆,看见一个伙计包饺子如同变魔术一样,动作轻快,双手一捏,个个饺子大小如一,晶莹剔透,作家又对孩子说:"爸爸比不上包饺子的人。"

如果以自我为中心,会以为自己了不起,可一旦把心静下来,就会发现自己是多么渺小。我们应该正确地认识自己,既要看到自己的优点,也要看到自己不如别人的地方。

英国作家哈尔顿在采访达尔文时,毫不客气地直接问达尔文:"您的主要缺点是什么?"达尔文答:"不懂数学和新的语言,缺乏观察力,不善于合乎逻辑的思维。"哈尔顿又问:"您的治学态度是什么?"达尔文又答:"很用功,但没有掌握学习方法。"达尔文既能认识到自己的优点,又能够理性地分析自己的缺点,这才是真正全面而客观的自我定位。

自我认知贯穿于人成长的整个过程中。男孩们从懂事起,就开始不断追寻"我是谁,我从哪里来,又要到哪里去"这些生命的本源问题。他们在一次次反思中,开始了解自己。

但这是一个艰难的历程,在大多数情况下,男孩借助复杂多变的外界信息来认识自己。由于外界信息复杂多变，因此孩子对自己的认识很容易受到外界信息的暗示，而不能正确地认识自己。在一段时间里，错误的认知很可能影响孩子对人生、未来的感知。

正面的鼓励固然是一种积极的心理暗示，但是要有个度，不要让男孩的自满开始膨胀。要让男孩知道：一个人必须正确地认识自己，这是做人的一个最基本要求。你会赢，但也会输给很多人。

正确的自我认知从反省自己，不受环境左右开始，从分析别人的意见，秉持自己的想法开始。

杜根定律：自信的男孩不受伤

美国职业橄榄球联会前主席 D·杜根曾经提出过这样一条定律：强者不一定是胜利者，但胜利迟早都属于有信心的人。后人称其为"杜根定律"。

杜根定律揭示了自信对人的影响力。自信为一种自我肯定性、自我鼓励、自我强化，坚信自己一定能成功的心理素养，没有自信心，你会发现没有了生活的热情和趣味，也就没有探索拼搏的勇气和力量。

英国作家约翰·克里西年轻时立志创作，他没有大学文凭，又无靠山，但他有自信。他向所有出版社投稿，均被退回，但他没有把退稿归咎于自己的无能，没有妄自菲薄，没有一蹶不振，而是满怀信心地继续写下去，最后终于成为著名作家，使人们能欣赏到他那4000多万字的作品。

著名心理学家马斯洛指出，人应该要有自信心，他鼓励人们把奋斗目标定得高一些。他要求他的学生们努力去做一个积极的人，对一切充满自信。

自信是男孩健康成长不可缺少的因素。当然其他因素也非常重要，但最基本的条件，孩子要有激励自己达到所希望的目标的积极态度。自信的孩子是了不起的，他们遇事不畏缩，也不恐惧，就是稍感不安，最后也都能自我超越。他们健壮而充满活力，时刻保持一种饱满的精神状态，他们一般意志坚定，了解自己，不会因外界的评价而或喜或悲，自信使得他们一往无前，从不受伤害。

在美国一些学校,有一门课程很受学生的欢迎。这门课程叫作"自我表现课",无论哪个学生有什么特长,都可以在班上表演,同学们争先恐后登台,在众目睽睽之下自我表现一番。据说,这对培养学生的自信心是十分有利的。培养男孩的自信,不妨从"自我表现"开始。鼓励他去表现自己,并从中发掘自身的优点和独特之处,从生活点滴中强化自信心。

状态依赖回忆心理:让快乐生发更多的快乐

小寒的爷爷每天坐在加油站外面的椅子上,向开车经过镇上的人打招呼。

这天,小寒在他身旁,陪他慢慢地共度光阴。他俩看见一位长得瘦高、背着大包、看来像个游客的男人到处打听,想要找地方住下来。

陌生人走过来说:"这是个怎样的城镇?"

老人慢慢抬起头回答道:"你来自怎样的城镇?"

游客说:"在我原来住的地方,人人都很喜欢批评别人,邻居之间常说别人的闲话,谁也瞧不起谁,总之那地方很不好住。我一点儿也感受不到快乐。"

爷爷对陌生人说:"那我得告诉你,其实这里也差不多。"

过了一个小时,一辆载着一家人的大卡车在这里停下来加油。车子慢慢转进加油站,停在老先生和他孙子坐的地方。母亲带着两个小孩下来问哪里有洗手间,爷爷指着一扇门,上面有根钉子悬着扭歪了的牌子。

这位父亲也下了车,问老人说:"住在这市镇不错吧!"

坐在椅子上的爷爷反问道:"你们原来住的地方怎么样?"

中年人说:"我原来住的城镇每个人都很善良,人人都愿帮助邻居。无论去哪里,总会有人跟你打招呼,我们在那里很快乐!"

爷爷脸上露出和蔼的微笑,回答说:"其实这里也差不多。"然后那家人回到车上,说了声谢谢,挥手再见,驱车离开了。

小寒不解地问爷爷:"为什么您告诉第一个人这里一点儿也不好,却告诉第二个人这里很好呢?"

爷爷慈祥地看着孙子双眼说:"不管你搬到哪里,你都会带着自己的态度;那地方是好是坏,全在于你自己!"

悲伤的人总是以悲伤的态度回忆过去,而且越回忆越悲伤,还把这种态度又带到了新的生活中,而快乐的人则总能看到美好的一面,越回忆越快乐,并且把快乐的态度带给了新生活,这是什么原因呢?

要回答这个问题,先要明白心理学上的一种现象:状态依赖记忆。

即你目前处于何种情绪状态,会影响你的记忆内容和方向。因为人在大脑中搜索记忆,必须要依赖一根导火线,以便掀出记忆中相同状态的旧事。人在回忆的时候会产生一种"一致性压力",驱使人调整记忆方向,与现在的想法、情绪、感受趋于一致。也正是因为这个原因,快乐的人比较容易忘记那些不愉快的事,而回忆曾经那些愉悦的事情。因此快乐的人会越快乐。同理,悲伤的人会越悲伤。

这种心理现象足以来解释为什么有的男孩总是高高兴兴的,每天都能感受到无尽的乐趣,也总能给大家带来快乐。而有的男孩则很伤感的样子,总是莫名地皱眉头,性格孤僻,不怎么合群。

没有心事的男孩很少很少,大多数男孩都会遇到各种各样成长的烦恼。你可以与孩子经常谈谈心,也可以送给孩子一个"快乐记事本"。将生活中那些快乐的事情、感动的事情、鼓舞的事情记在这个本子里,很用心地记下美好的回忆。

配套心理:给孩子一个新的起点

18世纪法国有个哲学家叫丹尼斯·狄德罗。有一天,朋友送他一件考究的睡袍,当他穿着华贵的睡袍在书房行走时,觉得周围环境很不协调:家具破旧不堪,地毯粗糙不干净。于是为了与睡袍配套,他把旧的东西先后更新,书房终于跟上了睡袍的档次。后来他发现"自己居然被一件睡袍胁迫了"。

200年后,美国哈佛大学经济学家朱丽叶·施罗尔提出了一个新概念——"狄德罗效应",也叫"配套效应",即人们在拥有了一件新的物品后,总倾向于不断配置与其相适应的物品,以达到心理上的平衡。

人们对事情的看法并非固定不变,而是会随着自己的身份做出改变。

当身份改变了，态度和立场也会自然而然改变，人会在这个过程中获得心理的平衡。如果人身份变了，但态度和行为不予配合，便会出现一股强大的心理压力，驱使人不得不调整心理，直到态度、行为与身份之间的不协调彻底消失为止。

洋洋是一个调皮捣蛋、不遵守班级纪律的后进生。一天，他与班上品行、学习均较好的优秀生谢雨轩发生了争吵。

这件事被教师发现后，按照自己以前的"经验"，洋洋认为自己必先挨批，必先受老师呵斥，老师必"袒护"谢雨轩，但是教师却一反其常规，采取"冷处理"，经过询问，搞清原委，分清是非，公正处理。结果洋洋大为感动，一反常态，主动向老师道歉认错；教师则因势利导，告诉洋洋："其实你有很多优点，比如见义勇为、热爱劳动、具有很强的组织能力，像上次由你发起的篮球比赛，得到了同学们的一致好评。这些老师都是看在眼里的，老师想让你来当咱们班的纪律班长呢！你回去想一想，看采用什么方法能把班级的纪律管理得更好，想出一个方案给我，好吗？"

洋洋回到班级后，为了做个好班长，他一改原来的恶习，不仅遵守纪律、关心同学，把班级管理得很好，而且课堂上也变得很活跃，主动举手回答问题，不会的问题主动提问，结果成绩很快提高了。

正如故事中的调皮男孩，当他当上纪律班长后，这种"身份"使他对自己的行为和态度进行了调整，尽量改变自己，来适应这个新的"身份"。

父母有价值的"睡袍"可以促使男孩为了与之配套而产生一系列好的、或者对他们成长有利的行为表现，反之，劣质的"睡袍"却可以使男孩走向倒退。要想引起男孩的变化，首先应该根据男孩的特点合理地设置目标，适时地抛给他一件有意义的"睡袍"，激发男孩自我转化的内在动机，主动实现良好的与之配套的行为。

放弃努力塑造男孩的心理和那些没完没了的唠叨，多给孩子几套有价值的"睡袍"，让他在潜移默化中朝着"配套"的方向发展。在此过程中，他会自觉调节自己的行为、思想与身份之间的偏差，努力达到"配套于合一"的效果。

但要注意不动声色，千万不要让男孩觉得你的目的仅仅是为了约束或改变他的不良行为，而不是出于真正的信任。

帮助男孩化解负面情绪

杜利奥定律：用积极的情绪感染男孩

美国自然科学家、作家杜利奥曾经提出过这样一条心理定律：没有什么比失去热忱更可怕，一旦失去热忱，人便垂垂老矣。人的精神状态不佳，一切都将处于不佳状态。人们将这条定律称作"杜利奥定律"。

它揭示了一个本质性的问题：人与人之间只有很小的差异，但这种很小的差异却往往造成了巨大的差异！很小的差异就是所具备的情绪是积极的还是消极的，巨大的差异就是成功与失败。

男孩的心理是极敏感也是极脆弱的，作为家长，你平时有没有注意观察孩子的情绪变化和心理状态？

情绪在儿童心理活动中具有很强的动机作用。情绪是心理活动的伴随现象，在人类心理活动中的作用是其他心理过程所不能代替的。简单地说，情绪是人类认识和行为的唤起者和组织者。简单说，心情不好，状态不佳的时候，人是不会主动去做很多事情的。男孩也是一样，甚至比大人更敏感，更容易受到情绪的摆布。男孩如果能够把自己所做的事当成了一件快乐的事，那么他就会积极主动地去完成。而如果是被动地去执行，尽管有惩罚的威胁，但作用不大。

对于父母来说，使男孩保持乐观的情绪状态是很重要的。父母在培养、教育男孩时应该以身作则，或者用其他方法来教育、引导孩子拥有一颗快乐、乐观的心，让孩子成为一个开朗的人。

家长应该尽可能地保持一种积极的情绪状态，可以在家中讲笑话，增添家庭的快乐气氛。要知道家长这种积极心理现象可以促使男孩乐观积极、奋发向上。引导、教育孩子以乐观、积极的态度去面对一切，不仅需要各种活生生的事例让孩子心悦诚服，也需要父母自身能够以平静的心态对待一切。只有开心的父母，才会有快乐的孩子。

习得性无助心理：无边的绝望来自哪里

心理学家塞利格曼和梅尔做过这样一个实验：首先将一条狗放入一个笼子里，笼子底是用金属制作，将笼子用隔板一分为二，在狗所站的一侧通上电流，狗在受到电击后，只要跳到无电的另一侧，就可不受电击。一次次重复后，狗就学会了在遭到电击时跳过隔板。后来实验者将狗约束住，放到通有电流的一侧，一次次给予电击，狗虽然想挣脱却无能为力。再到后来，实验者将狗的约束解除，放入笼内，再给予电击，结果发现，狗不再试图跳过隔板，而只是在笼子里来回跑动，或不停地呻吟，无所作为，一直等到电击消失为止。狗在多次受到挫折以后，产生消极认识，进而感到无助和绝望，并逐渐失去了与命运、挫折抗争的心理。

塞利格曼从这个条件反射实验中提出"习得性无助"的理论。心理学研究表明，"习得性无助感"不但会发生在动物身上，在人身上也同样会发生。当人长期遭受失败与挫折时（如学习成绩差、升学考试失败、失恋、不良人际关系，甚至身患不治之症，等等），如果总是不能突围这种困境，他们会产生绝望的体验，最终对自己和人生彻底失望。

自从进入市重点高中以后，王浩就开始讨厌学习。其实，王浩在中学和小学时学习很好，经常在班上名列前茅，可自从进入市重点高中以后，王浩发现，班上的同学个个都很强，开学不久的一次考试将王浩推进了深渊。那次考试，他竟然有两门不及格，就连他最拿手的数学也只考了70分，这无疑是给了他当头一棒。

那次考试之后，他曾暗下决心，要努力学习，迎头赶上。但期中考试之后，他彻底绝望了，因为他又有两科不及格，总成绩也不高。班主任为此还专门找他谈了话，将他批评了一顿，班主任认为是他没有用功学习。其实，他已经很努力了，只是不知为什么成绩总上不去。之后，他索性破罐子破摔，经常不写作业，上课也不好好听讲……他看不到自己的未来，他不知道自己以后能干什么……

其实，王浩此时体验到的就是"习得性无助感"，学业上频频失利使他产生了消极的认识，他曾经的"辉煌"都被现在的失利吞噬了。他否定了自己的能力，看不到自己的未来。

导致孩子"习得性无助"的原因多是教师和家长对孩子提出过高的要求。孩子即使再努力，都无法达到他们的要求，并且无论如何也会受到此类的批评和指责，如："这孩子不用功。""还是没有发挥出水平。""怎么这么笨？""你怎么总不如某某学习好？"这样，久而久之，就会给孩子造成一种错觉："我永远都不会成功，我又何必努力呢？"孩子就会失去信心，变得茫然，进而会觉得自己是一个废物。这时，孩子的"习得性无助"已经形成了。

不管男孩的成绩、美丑、过去，现在都要给孩子注入一种爱，用爱的力量温暖男孩的心灵。在孩子失落的时候，孤立无助的时候，至少让他们感到：这个世界上还有爸爸妈妈爱着我，这无疑会使孩子在情感上获得重生的力量。

父母的话语对于男孩来说，具有很强的权威性，男孩经常对父母的话深信不疑。因此，永远不要说"你不行""你真笨""你不如某某"之类的话语。永远不要在孩子的伤口上撒盐。无论是怎样的男孩，你都要与其进行善意而有爱心的对话，使他们尽快摆脱"习得性无助"，振奋精神，继续上路。

恐惧心理：今日的恐惧是昨日的映照

恐惧心理是指在真实或虚幻的危险中，深刻感受到的一种强烈而压抑的情感状态。通常表现为：神经高度紧张，容易冲动，内心充满害怕，注意力分散，不能正确判断和控制自己的举止。

芮恒今年上小学四年级。当春天百花盛开时，他的情绪就会非常低落，因为他对花有一种莫名其妙的恐惧。

这种恐惧心理的产生可以追溯到他小时候。他七个月时，母亲抱着他去亲戚家参加婚礼，刚进新房，院里响起了鞭炮声，一只小花猫蹿上桌子，把插着花的花瓶碰倒在地上。见此情景，芮恒非常害怕，大哭起来。十个月时，奶奶抱他在院子里玩，一走近院里种的牡丹花他就大哭起来。一岁时，又带他去串门，发现他一看见别人家床单上的花卉图案就放声大哭。家里人这才意识到芮恒怕花，但并未引起家人的重视。

但是，随着年龄的增长，他对花的惧怕程度不但没减轻反而更加严重了。四岁时，他和院里的一群孩子跟在出殡的队伍后面看热闹，当他发现棺材上的大白花时，立刻转身没命地往家里跑，跑到家里已经面无血色了。

后来发展到无论是布上、纸上的花卉图案，还是纸花、塑料花、鲜花，他都怕得不得了。就连路边的鲜花对他来说都是件可怕的事，时间一长，同学们都知道他怕花，常跟他开玩笑，故意往他身上扔花，经常吓得他面色苍白，手脚冰凉，甚至上课时他总是东张西望，唯恐窗外有人把花扔进来掉在他身上。

恐惧其实来自过去的经历。俗话说："一朝被蛇咬，十年怕井绳。"人在过去受到某种刺激，大脑中形成了一个兴奋点，当再遇到同样的情景时，过去的经验被唤起，就会产生恐惧感。恐惧心理还与人的性格有关，一般害羞、胆小孤独、内向的人，易产生恐惧感。

每个人都有害怕和恐惧的经历，男孩也是一样。恐惧是男孩在心理发展过程中普遍存在的一种情绪体验，男孩的各种恐惧，都是成长过程中必然伴有的现象。许多恐惧不经任何处理，随着年龄增长均会自行消失。但是，这并不意味着这些恐惧就无关紧要。正如上文中的芮恒，由于父母没有重视孩子的恐惧心理，芮恒在成长过程中也没有发现克服恐惧的方法，因此最初的恐惧心理变成一种心理疾病：恐惧症。患这种症状的孩子惧怕的内容比较稳定，持续的时间较长，不易随环境、年龄的变化而消失。孩子会由于恐惧产生回避或退缩行为，严重影响他的正常生活和学习。

成人和儿童的世界是截然不同的，父母不要以成人的想法代替孩子的认识。也许你认为并不神秘，也不害怕的东西，在孩子看来是非常恐怖的事物。家长认为看"恐怖片"无所谓，可在想象力丰富的孩子看来，无异于一场可怕的"亲身经历"。

当然，成长中的孩子不可避免地接触"怕"的事物。"怕"是认知的前奏，了解得多了，对这个世界的认知能力提高了，自然也就不害怕了。父母可以结合男孩的年龄，来帮助孩子认识"怕"的东西，在平时的训练和生活中有意识地培养勇敢的品质，并逐渐淡化"怕"的内容。

如果男孩的恐惧感非常强烈而且逐步升级，影响到其性格与行为时，就应带他去看心理医生。

嫉妒心理：不要让妒忌成为一种病

嫉妒是每个人都有过的一种情绪体验，它是人们普遍存在的一种心理。嫉妒心理是一种负面情绪，是指自己的才能、名誉、地位或境遇被他人超越，或彼此距离缩短时所产生的一种由羞愧、愤怒、怨恨等组成的多种情绪体验。它有明显的敌意，会给人际关系造成极大的障碍。有时，明知道是嫉妒，是不应该的，却无法消除。地位相似、年龄相仿、经历相近的人之间容易产生嫉妒心理。

雷凡和左安小学时就是形影不离的好朋友。两个小伙伴更是整天在一起玩，晚上放学后也一起写作业，有了喜欢的东西也喜欢和对方分享。

但最近，妈妈发现，雷凡对左安有些反感，最近一直没理左安，妈妈感到很奇怪。

这天放学后，电话响了，妈妈接起来后，是左安打来找雷凡一起出去玩的。

"雷凡，左安叫你一起出去玩。"妈妈叫雷凡接电话。

"我不去，就说我正在写作业呢。"雷凡闷闷地说。

"雷凡，你怎么了？"妈妈握着电话不知道该怎么说。

"我都说了不去了，真烦。"

"对不起啊，左安，雷凡他有点不舒服，今天就不去找你玩了，明天让他过去找你好吗？"妈妈只好这样告诉左安。

放下电话后，妈妈问儿子："你怎么不理左安了，你们不是好朋友吗？"

"没有呀，只是我今天心情不好。"

晚上吃晚饭时，爸爸说："雷凡，听说左安被评为'市三好学生'了，怎么没听你说过啊？"雷凡突然就放下了碗筷，一脸不服气："哼，那有什么了不起的！真是的，有了一点点的成绩就到处炫耀……"

妈妈忽然明白了，怪不得雷凡最近不理左安呢，原来左安被评为了"市三好学生"，而雷凡却与此无缘。多年的好朋友之间出现了不平等，于是雷凡因为嫉妒，而不愿意与左安交往了。

希腊著名心理学家乔治·卡纳卡基斯说："其实嫉妒是一种十分自然的反应，每个孩子都会嫉妒。"孩子的嫉妒心理从很小的时候就会有所反映，有人做过实验，15个月的孩子，如果妈妈当着他的面抱别的孩子，他就会有所反应，非要让妈妈放下别人抱自己，并紧紧搂住妈妈，好像在说："这是我的妈妈，不是你的。"

生活中我们发现，好多种情况都能使男孩产生嫉妒心：比如，妈妈夸赞别的小朋友，自家的孩子就会嫉妒。如果别的小朋友有一个好看的变形金刚，自己没有，心里就会不好受。

可以说，嫉妒在每个男孩身上，都有程度不同的反应。而现在家长对孩子的娇惯，更助长了嫉妒这种心理。嫉妒已成为一种愈来愈严重的通病。

男孩对他人拥有的自己不具备或得不到的东西，往往会产生一种由羡慕转化为嫉妒的心理，这是很正常的现象。父母平时应该多和男孩接触交流，及时掌握孩子的心理变化，了解孩子嫉妒的直接起因，耐心倾听孩子的心理感受。要知道，孩子的嫉妒是直观、真实甚至自然的，它完全不像成年人那样掺杂着许多其他的社会因素，它只是孩子们对自己愿望不能实现而产生的一种本能的心理反应。

因此，当男孩显露出其嫉妒心时，作为家长，千万不要严加批评指责，而是倾听，理解他的愤怒、不安、烦躁等不良情绪。在男孩倾诉完之后，要为他正确分析与他人产生差距的原因。积极寻找缩短差距的途径和方法，以便使男孩能正确与他人进行比较，以积极的方式缩短实际存在的差距，最终化解内心的不平衡。